Capitaine P. BALLON
26e RÉGIMENT D'INFANTERIE

LA CAMPAGNE ANTIALCOOLIQUE DANS L'ARMÉE

RÔLE DE L'OFFICIER

BERGER-LEVRAULT & Cie, ÉDITEURS

PARIS
5, RUE DES BEAUX-ARTS

NANCY
18, RUE DES GLACIS

1903

LA

CAMPAGNE ANTIALCOOLIQUE

DANS L'ARMÉE

RÔLE DE L'OFFICIER

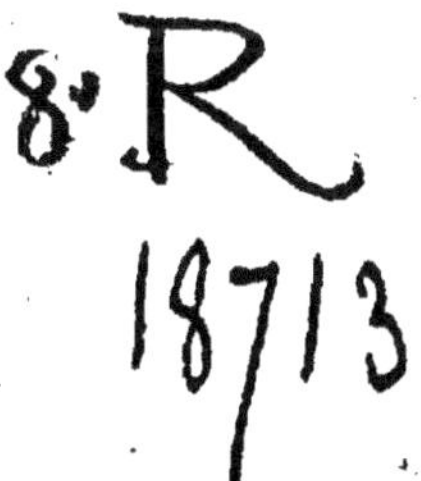

Capitaine P. TALLON

DU 26e RÉGIMENT D'INFANTERIE

LA CAMPAGNE ANTIALCOOLIQUE DANS L'ARMÉE

RÔLE DE L'OFFICIER

BERGER-LEVRAULT & Cie, ÉDITEURS

PARIS | 5, RUE DES BEAUX-ARTS

NANCY | 18, RUE DES GLACIS

1903

PRÉAMBULE

La vie du soldat se divise en deux parties : celle consacrée à le *former* et à l'*éduquer* et pendant laquelle il se trouve instruit, encadré, entraîné par ses chefs ; celle destinée à le laisser *se reposer* de ses fatigues et pendant laquelle il se trouve dans une certaine mesure *maître de ses actes.*

S'il est nécessaire que nous nous préoccupions constamment de nos hommes pendant les heures consacrées à leur *instruction* et à leur *éducation,* n'y a-t-il pas lieu de leur éviter pendant leurs heures de repos tout ce qui pourrait neutraliser et entraver le développement physique et moral acquis aux heures de travail et d'empêcher qu'il se produise quoi que ce soit, quand le soldat devient momentanément *libre,* qui puisse amoindrir ou lui faire perdre ce qu'on s'est donné tant de mal à lui enseigner?

Or, il arrive qu'à partir de la soupe du soir, cette grande collectivité qui, sous les armes, a fait bloc pendant toute la journée, se désagrège et se forme en une multitude d'*individualités* qui vont, suivant leur situation sociale, leurs goûts et leurs ressources, orienter leurs loisirs vers des buts différents.

De 5 heures à 9 heures du soir, c'est-à-dire de la soupe à l'appel, ces douze ou quinze cents hommes qui composent un régiment sur le pied de paix deviennent libres d'aller où bon leur semble, et nous avons beau, quand nous les *quit-*

tons après les exercices de la journée, ne penser qu'à ce que nous en ferons le lendemain matin, comme si notre unité allait *s'assoupir* à notre départ et ne reprendre corps qu'à notre arrivée, nous ne ferons pas que tous les individus dont elle se compose ne *passent leur temps* quelque part ; et il faudra, bon gré, mal gré, qu'ils s'occupent à quelque chose, à quelque chose de *bon* ou de *mauvais* pendant qu'ils sont rendus à la liberté. S'ils savent passer honnêtement ces heures de loisir, le repos et la distraction répareront leurs forces ; mais si leurs occupations sont *mauvaises,* quelques heures de funeste liberté ne détruiront-elles pas les résultats d'une éducation si péniblement obtenue par le service journalier ? En sorte que le lendemain, quand nous voudrons continuer notre tâche de la veille, nous nous trouverons peut-être en face de sujets peu disposés à bien faire, par suite des *influences malsaines* auxquelles ils auront été soumis depuis la veille.

Il en résulte que notre mission d'éducateurs doit se poursuivre non seulement aux heures de travail, mais aussi pendant les *heures de repos.* Notre responsabilité ne saurait être intermittente. Elle est *entière,* elle doit être *continue.* Il est inadmissible que, le soir venu, le soldat soit moralement *abandonné et livré à lui-même,* alors que la plupart du temps il ne sait où poser le pied et se trouve sans relations, sans ressources. C'est à nous, officiers de troupe, qu'il appartient d'orienter l'esprit de nos hommes vers les loisirs honnêtes et de tout faire pour leur en *fournir les moyens.*

Notre œuvre d'éducateurs du soldat ne sera complète que lorsque nous aurons fourni à la masse des déshérités, c'est-à-dire à tous ceux qui ne savent pas se diriger eux-mêmes ou n'en ont pas les moyens matériels, la possibilité de ne pas perdre aux heures de repos le fruit de leurs heures de travail ; et le moins qu'un officier puisse désirer en cette matière, c'est qu'à défaut de devenir meilleurs, ses soldats ne deviennent *pires* entre l'instant où ils sont rendus à la liberté et celui où ils reprennent les armes.

Parmi les vices de caserne qui sévissent de la façon la plus funeste sur nos soldats pendant leurs heures de loisir, il en est trois auxquels revient la place d'honneur : la *boisson*, la *femme*, le *tabac*. Mais si ces trois vices se donnent la main, il en est un, le vice de la boisson, dont l'abus est bien plus généralisé et plus funeste que les deux autres.

Le but de cette étude est de rechercher les principales causes pour lesquelles tant de nos soldats s'adonnent à la *boisson* aux heures dangereuses où ils sont livrés à eux-mêmes ; et après les avoir bien établies, d'étudier les *moyens matériels et moraux* qui pourraient les combattre.

LA CAMPAGNE ANTIALCOOLIQUE DANS L'ARMÉE

PREMIÈRE PARTIE

CAUSES DE L'ALCOOLISME

CHAPITRE PREMIER

DÉSOEUVREMENT

Le service fini, le soldat et beaucoup de sous-officiers ne sont pas, comme l'officier, toujours orientés vers quelque chose de sérieux, d'intéressant et d'utile. Ils n'ont pas comme l'officier des devoirs sociaux et des obligations professionnelles qui leur créent des centres continuels d'occupation et d'énergie. Le soldat, à peu d'exceptions près, se trouve *livré à lui-même*.

Or, parmi les cent cinquante hommes confiés à nos soins, il y a à établir deux catégories parfaitement tranchées : celle, heureusement de beaucoup la moins nombreuse, des *impulsifs*, de ceux qui obéissent passivement à des instincts vicieux, qui sont entièrement dominés par eux, et qui ne vivent que pour eux ; et celle comprenant la presque totalité de la Compagnie, qui n'est mauvaise ni par habitude ni par nature, mais qui est généralement *inexpérimentée*.

Des trois ou quatre sujets vicieux qui, dans chaque Compagnie, forment généralement la première catégorie, il n'y a, pour ainsi dire, rien à faire : leur maladie morale est généralement incurable. Ce ne sont pas eux qui ne sont pas orientés sur l'emploi de leur temps aux heures libres. Les voyez-vous attendant impatiemment l'heure de la soupe pour filer loin du quartier et se rendre bien vite à leurs cabarets de prédilection ? Pour eux, la femme et la boisson se complètent, et les tripots qu'ils fréquentent assidûment servent l'un et l'autre produit à des prix également avantageux. Pour qui étudie de près ces tristes sujets, ce qu'il y a de particulièrement navrant, c'est de constater que ce sont les jours mêmes où le capitaine, le médecin, le colonel ont fait devant eux une causerie sur l'alcoolisme, qu'ils choisissent sans hésiter pour s'enivrer crapuleusement en entraînant des camarades. Toute leur vanité, tout leur amour-propre, toutes leurs pensées et tous leurs sentiments tiennent dans ce mot : la Boisson.

N'insistons pas davantage sur cette si peu intéressante catégorie de buveurs endurcis, et occupons-nous immédiatement de la masse de nos soldats à qui l'éducation militaire peut et doit être profitable en matière d'alcoolisme, parce que cette masse n'est qu'inexpérimentée et ne demande qu'à être dirigée et éclairée par ses chefs.

Très souvent, soit par suite du mauvais temps ou de la chaleur, soit à cause de la fatigue ou du manque d'argent, la plupart de nos soldats préféreraient rester au quartier, s'ils pouvaient y trouver quelque bien-être et un peu de distraction. Rendus à eux-mêmes, ils aimeraient à trouver sur place un endroit favorable pour se reposer et se distraire. Le trouvent-ils au quartier La chambre n'offre aucune de ces commodités qui plaisent et qui retiennent ; elle n'a rien de personnel et d'intime : l'escabeau, l'armoire, un bon feu en hiver, des rideaux ou des stores en été. Celui qui voudrait écrire, pourra-t-il le faire agréablement, commodément sur cette table souvent boiteuse, qu'on aperçoit dans un coin, au milieu du vacarme, dans la fumée des pipes et à la lumière plus que modeste de la lampe à pétrole ? J'ajouterai même qu'elle n'a rien d'hygiénique, puisqu'elle sert à la fois de chambre de jour et de chambre de nuit et qu'il n'est pas désirable qu'avant d'aller se coucher les hommes d'une chambre y séjournent en mangeant et en fumant.

Sans doute, dira-t-on, on peut organiser les réfectoires en *salles de réunion*. Tant qu'il fait froid, tant qu'il est désagréable à l'homme de se changer pour se mettre en tenue, tant qu'il ne sait pas où passer son temps, les réfectoires des Compagnies auront peut-être des amateurs qui viendront y goûter le plaisir de faire le cercle un moment autour d'un bon feu, de causer gaiement avec des camarades qu'ils n'ont pas vus de la journée. Mais les beaux jours une fois revenus, peut-on songer, serait-il seulement hygiénique de chercher à confiner nos hommes dans les limites restreintes de nos réfectoires ! En hiver, l'ami qui groupait les membres de la famille, c'était le poêle. En été, il faut de l'air, des distractions. Le soldat sort donc pour se procurer des distractions. Mais qui va diriger ses pas vers les distractions honnêtes et intelligentes? Nos ouvriers, nos paysans, c'est-à-dire la masse de nos hommes, n'ont pas cette culture intellectuelle et artistique qui leur permettrait de passer agréablement leurs heures de loisir dans les bibliothèques, dans les cercles, dans les musées; ce n'est pas du tout leur affaire. Ils s'intéressent avant tout et par-dessus tout à la profession qui leur est propre. Le laboureur pense à sa terre et à sa charrue ; ce qui s'y rapporte lui est bien plus cher que tout ce qu'il voit dans sa garnison ; ce qui le reposerait, ce qui le distrairait, ce qui l'intéresserait, ce serait de pouvoir jardiner la pipe à la bouche, en manches de chemise, dans un coin à lui et en sabots, comme autrefois !

Le menuisier, le forgeron, le serrurier, l'ouvrier d'art pensent l'un à ses meubles, l'autre à sa forge, tous à leur métier spécial, et ils regrettent de n'avoir pas, pendant leurs heures de loisir, la possibilité de s'installer quelque part pour s'entretenir la main et gagner quelques sous.

Livrés à eux-mêmes, privés en dehors du service des facilités et de la liberté des travaux manuels, nos paysans et nos ouvriers ont la tête et les mains vides. Ils ne se sentent sollicités par rien d'intéressant, orientés vers aucun but, parce que toutes les initiatives leur sont impossibles ; et ils sont chassés de la caserne, pourtant *leur propre maison*, par l'*ennui*, par le *froid*, par le *vide*. En sorte que chaque soir et le dimanche toute la journée, nos troupiers, même les meilleurs, même ceux qui voudraient employer utilement, honorablement et intelligemment leurs heures de loisir, en sont réduits, faute de mieux, à promener leur désœuvrement à travers les rues quelquefois bien monotones de nos garnisons en fumant pour tuer le temps d'interminables cigarettes. Ces soldats, travailleurs infatigables de la veille, en sont réduits à flâner, à rouler de rue en rue, sans savoir pourquoi ils vont à droite plutôt qu'à gauche. Dans les grandes garnisons, le mouvement des principales rues, certaines attractions à bon marché peuvent à la rigueur leur servir de passe-temps. Mais dans les petites garnisons, qui sont les plus nombreuses et où il n'y a la plupart du temps absolument rien à voir, c'est l'ennui, le mortel ennui qui guette nos soldats. Aussi, quand, dans cet exode sans but, ils se sont arrêtés machinalement un certain nombre de fois aux mêmes devantures de magasins, devant les mêmes réclames, quand ils ont vu partir et arriver un certain nombre de trains, quand ils ont fumé un certain nombre de cigarettes, un *ennui* fatal, causé par le *désœuvrement*, les envahit ; et las de tout regarder et de ne pouvoir goûter de rien, de ne pouvoir participer à rien, ils vont fermer la courbe de leurs itinéraires au fond du **Cabaret libérateur.**

Si notre troupier vient échouer presque fatalement, s'il vient s'alcooliser dans tous ces établissements borgnes qu'on voit pousser et se multiplier comme des fleurs de pourriture autour de nos casernes, c'est nous-mêmes, c'est-à-dire nos propres *institutions* et nos propres *mœurs*, que nous devons rendre par-dessus tout responsables du vice que nous lui reprochons.

Dans ce cabaret *hospitalier*, ne trouve-t-il pas en effet ce que ne lui donnent ni la caserne ni la Société ? D'abord l'*abri* et le *siège*. A la chambre il aurait pu sans doute s'étendre sur son lit en quittant ses chaussures ; mais alors plus de délassement, plus de distraction. Il aurait fallu se résoudre à se consigner soi-même dans une chambre obscure, froide, déserte. En ville, il aurait pu sans doute utiliser comme tout le monde les bancs des promenades publiques. Mais la nécessité de saluer constamment ses innombrables supérieurs, l'impossibilité de se mettre à l'aise, de faire ce que fait n'importe qui, de lire un journal, de feuilleter tranquillement un livre, de quitter sa coiffure si elle le gêne, d'ouvrir un parapluie s'il pleut, ou s'il neige, lui ont fait éviter ces lieux trop fréquentés et trop surveillés. Dans les musées, dans les bibliothèques, il aurait pu, sans doute, entrer comme tout le monde. Mais quelle plaisante distraction pour des esprits simples et qui ont tout juste appris à lire dans leur village, d'être admis pendant deux ou trois heures à admirer debout et en silence les chefs-d'œuvre de l'art classique, sous le regard inquisiteur d'un concierge toujours pressé de fermer! Non, nos troupiers ne constituent pas un public de musée et de bibliothèque. Après une journée d'efforts et de fatigues, il leur faut de la *détente*, ils ont droit à des distractions *appropriées à leurs aptitudes*.

Au cabaret du moins, notre troupier se sent à l'aise, il entre, il sort quand il veut, s'il pleut, s'il fait froid, il prolonge à loisir sa station, étendu sur une chaise, libre de toute entrave, débarrassé du ceinturon, du sabre, du képi, sa capote plus ou moins déboutonnée. Au cabaret ne trouve-t-il pas, suivant la saison, un peu de cette fraîcheur ou de cette chaleur que lui refuse sa chambre de caserne? Au cabaret ne retrouve-t-il pas son franc-parler et sa liberté d'allures, loin de tout regard inquisiteur? Ne peut-il pas à son aise jouer, boire, chanter, danser, occuper en un mot sa soirée à des plaisirs faciles qui flattent ses goûts sans trop écorcher son porte-monnaie? Voilà pourquoi les cabarets voisins de nos casernes, les *maisons à soldats*, suivant l'expression connue, s'emplissent après la soupe du soir d'une quantité de désœuvrés qui viennent y tuer le temps et y abriter leur ennui. Ils y boivent naturellement, d'abord pour se donner une contenance et faire comme les camarades; puis l'habitude donne du *mordant à leurs plaisirs* et ils finissent par devenir les clients de ces maisons où avec les détestables consommations qu'il y absorbent, ils s'imprègnent de principes qui détruisent en peu d'instants l'action bienfaisante de l'éducation morale de la caserne.

CHAPITRE II

ISOLEMENT

Pendant la journée, les nombreuses misères de caserne se goûtent en commun. Le riche, le savant sont bien obligés de côtoyer le prolétaire et l'illettré, bien obligés de se soumettre aux mêmes nécessités militaires, de marcher quand ils marchent, de se mouiller quand ils se mouillent, de suer, de se geler dans des conditions identiques; aux heures difficiles, il semble qu'ils soient tous égaux sous leur lourde capote de drap et on voit se développer une *camaraderie* — au moins de surface — entre les uns et les autres.

Mais au premier coup de clairon de la soupe du soir, ne voyons-nous pas disparaître comme par enchantement cette *égalité du rang?* Ne voyons-nous pas tous les égoïsmes reprendre leurs droits et imprimer à chacun, suivant sa situation, des directions divergentes?

Celui qui a de la famille, des amis, des relations agréables et surtout le porte-monnaie bien garni, a vite quitté la caserne pour courir à ses plaisirs. Il a sa chambre en ville, il est reçu chez les uns, chez les autres. C'est à qui s'ingéniera à lui faire oublier dans d'aimables réceptions la dure journée qu'il vient de passer.

Mais pendant que l'un s'amuse, que l'un sait se faire plaindre et passer agréablement sa soirée, que devient l'autre, le prolétaire de nos casernes, celui qui ne connaît personne, qui n'a ni instruction ni éducation et la plupart du temps le porte-monnaie vide? Que va-t-il devenir dans l'isolement complet où le laissent des camarades plus fortunés et plus favorisés sous le rapport de l'instruction, de l'éducation et des relations sociales? Que vont-ils devenir, ces innombrables prolétaires, pour lesquels on a construit et aménagé des casernes en vue de leur instruction, de leur alimentation, de leur sommeil, mais comme si, leur service fini, ils avaient tout ce qu'ils peuvent désirer et que la vie sociale ne comptât pas pour eux ? Loin de leur famille, ils sont complètement dépaysés, et il leur manque souvent, pour réagir contre cet isolement, cette force morale et cet instinct de sociabilité qui ne se développent qu'avec l'éducation. Alors on voit se former dans les Compagnies de petits groupes obscurs où les sympathies sont développées par la *similitude* des situations. Les mêmes hommes se réunissent à la cantine, quand ils ont quelques sous. L'exiguïté de leurs ressources leur donne l'habitude de fuir les milieux coûteux et les oriente vers les plaisirs à bon marché. Ils n'ont pas à cette heure des camarades intelligents, instruits, bien élevés, qui pourraient leur servir de guides. Les camarades de l'article 23 n'ont-ils pas d'autres soucis en tête et d'autres rendez-vous ? Livrés à eux-mêmes, sans idéal et sans force de réaction, isolés du reste des camarades, les humbles — et c'est le plus grand nombre — vont par petits groupes cacher leur misère au fond d'un cabaret où ils font masse de leurs ressources pour demander à la bouteille l'illusion d'un plaisir et un passe-temps que la caserne n'a pas su leur donner.

CHAPITRE III

HEURE DES REPAS

Le soldat est le seul individu sain et bien portant de la société qui soit obligé de prendre, comme les malades à l'hôpital, son repas du soir à cinq heures. Il mange plus tôt que les enfants que l'on couche cependant de bonne heure. Que ce soit ou non une nécessité, les conséquences n'en sont pas moins regrettables pour sa santé. Nos hommes viennent de faire un bon repas : les voilà qui sortent. Cinq heures et demie, six heures, c'est juste le moment où les cafés commencent à se garnir de consommateurs ; c'est, par excellence, l'*heure de l'apéritif*. Les soldats, ne sachant que faire, viennent s'asseoir dans les cafés, dans les auberges, immédiatement ou peu après leur repas; et là, au hasard de leurs ressources ils se mettent à boire. Or, ce serait bien mal connaître leurs habitudes, de se figurer qu'ils consomment ce qu'on peut prendre avec avantage après un repas, par exemple une tasse de café ou de thé. Notez qu'ils le feraient très probablement chez eux; mais à la caserne, allons donc! On commence par boire du vin, on termine invariablement par un apéritif, généralement *une, quand ce ne sont pas deux absinthes*. En d'autres termes, nos soldats boivent au rebours du reste des hommes, et ils finissent par où il aurait fallu commencer.

L'hygiène nous apprend ce qu'il faut penser des apéritifs en général et de l'absinthe en particulier. Mais que dire lorsque cette ou ces absinthes, au lieu de voir leur action atténuée et combattue par un bon repas, viennent bien au contraire en troubler la digestion? C'est malheureusement le cas de ceux de nos soldats — et ils sont nombreux — qui, en vrais moutons de Panurge, prennent par esprit d'imitation des apéritifs en sortant de table parce qu'ils en voient prendre autour d'eux et sans chercher à se rendre compte des troubles que de pareilles habitudes peuvent apporter à leur organisme.

CHAPITRE IV

ENTRAINEMENT PAR LE PUBLIC

Tandis que les pouvoirs publics déclarent officiellement la guerre à l'alcoolisme, tout cependant ne se coalise-t-il pas pour pousser le public à la consommation? Et dans cette excitation du dehors, le soldat plus que tout autre n'est-il pas exposé à en être victime?

Sort-il de la caserne, va-t-il en permission? Les salles d'attente, les murailles sont tapissées de réclames aux lettres gigantesques en faveur de tel ou tel apéritif, de tel ou tel digestif. Nos soldats lisent: « Amer Picon » puis plus loin « Absinthe Pernot », puis ailleurs « Quinquina Dubonnet » et ainsi de suite. Toutes ces réclames s'étalent en étiquettes alléchantes qu'ils seront heureux de se rappeler à la première occasion.

En wagon, mettent-ils le nez à la portière ? Ce sont des affiches qui les poursuivent à travers champs, le long des voies ferrées, sur les immeubles à proximité des grandes gares, toute une débauche d'images destinées à faire ressortir la supériorité de tel ou tel produit alcoolique.

Se promène-t-il en ville ? Les tramways, en charriant des voyageurs, promènent la réclame alcoolique, à l'intérieur, à l'extérieur, à l'impériale. Il n'est pas possible de prendre un numéro d'ordre dans une station de tramways ou d'omnibus sans se trouver en face d'un quinquina ou d'un vermouth.

Dans la rue, à la porte des casernes, la réclame alcoolique a beau jeu. On vous l'offre avec insistance, et si vous la refusez, elle se glisse adroitement dans votre poche.

Les salles de journaux, les entrées de théâtre, tout est bon pour frapper les yeux du public et surtout du public inexpérimenté, comme le sont des jeunes gens de vingt ans.

Sans doute, toutes ces réclames ne s'adressent pas spécialement à nos soldats. Mais qu'on veuille bien remarquer que le public y est moins directement exposé, parce que la plupart des promeneurs sont aimantés par leurs affaires et leur intérieur, tandis que nos soldats, pendant leurs heures libres, sont obligatoirement inactifs et que, par suite, l'invite a beaucoup plus de chances de frapper l'attention de jeunes gens qui n'ont aucun motif particulier de continuer leur promenade.

Mais à côté de la réclame par l'*image,* il y a celle autrement pressante de la réclame par le *public* lui-même. Comment ne pas boire, quand tout le monde boit ? — Quand tout le monde boit à toute heure, n'importe où, n'importe quoi, par pur *snobisme,* par une sorte d'impulsion maladive. Comment résister à l'entraînement du public ? Avant et après les repas et pendant la plus grande partie de la nuit, les cafés sont bondés de consommateurs, dont la réclame vivante déborde sur les trottoirs. Qui pourrait nier que ce ne soit là pour beaucoup de nos soldats la *cause déterminante* d'une *station immédiate* et par suite de libations qui peuvent, en se généralisant, leur devenir préjudiciables?

CHAPITRE V

PERMISSIONS

Les hommes, surtout ceux d'un an, ont aujourd'hui de fréquentes occasions d'aller en permission. Les villages à proximité des garnisons reçoivent le dimanche quantité de permissionnaires article 21.

Les habitants sont heureux de les revoir; chacun les invite. On leur offre un verre par-ci, un verre parlà. D'autres plus généreux les font descendre à la cave, on boit au tonneau. On ne compte généralement pas avec les militaires. On ne leur offrirait peut-être pas à manger, même s'ils avaient faim, mais on s'empresse toujours de les convier à boire, même s'ils n'ont pas soif, parce que dans le peuple la boisson est une forme, est peut-être la seule forme de l'amitié et de la politesse, et que plus on boit, plus on est réputé poli.

Enfin par une routine singulière et qui se perpétuera longtemps, c'est probable, on traite le *soldat de l'armée nationale*, c'est-à-dire appartenant à toutes les classes de la société, absolument comme un soldat d'*une armée de métier*, comme un professionnel sans instruction et sans éducation qui aurait pour sept ans quitté sa famille et qui, comme lui, ne serait guère accessible en dehors du service à d'autres plaisirs qu'à ceux de la bouteille!

Il en résulte que nos permissionnaires de vingt-quatre heures ou de quelques jours, dans les régions viticoles tout particulièrement, passent leur temps à boire un peu de tout et avec tout le monde, par suite de ce préjugé et de cette routine absurdes, que le militaire doit boire.

A ce point de vue, les petites permissions ne seraient-elles pas plus mauvaises pour nos soldats que celles de plus longue durée? Pour vingt-quatre heures, pour, trois ou quatre jours, le permissionnaire ne reprend généralement pas le travail de sa profession. Il passe son temps à boire, à fumer, à pérorer. Ses effets militaires en portent au retour des traces qui ne sont que trop évidentes. Pour dix, quinze ou vingt jours, au contraire, le soldat redevient franchement laboureur, franchement ouvrier. Au moins, si des libations se produisent, elles sont moins continues et le travail y fait équilibre.

Quant aux permissions de dix heures, de onze heures, de minuit, de la nuit dont dispose le capitaine, est-il nécessaire de dire qu'elles donneraient, les dernières surtout, de mauvais résultats, si elles n'étaient réparties avec mesure et justifiées non seulement par une bonne conduite, mais aussi par une cause plausible ? Comment ne pas être étonné devant des demandes de permission, surtout si elles sont répétées, provenant de soldats sans relations et sans ressources, de soldats qui ne reçoivent jamais le moindre mandat de leur famille ! Que peuvent-ils bien faire de cette nuit qu'ils demandent, eux sans parents, sans relations dans la garnison !

Cette permission de la nuit, que ce timide, que cet obscur soldat du rang demande de temps en temps à son capitaine, ne va-t-elle pas lui servir à rouler, avec quelques compagnons de misère, de cabaret en cabaret, pour consommer, au hasard des rencontres et sans méthode, quelques bocks, quelques petits verres et à tuer sottement le temps en s'éternisant devant des consommations de dernier choix ? Cette permission qui avait pour but, pour unique but, de produire une détente nécessaire, aura eu un effet complètement opposé ; et le lendemain matin le permissionnaire de la nuit sera beaucoup moins dispos que s'il était rentré, comme ses camarades, à l'appel du soir.

Il y aurait à ce sujet des constatations intéressantes à faire, en prenant dès le réveil les permissionnaires de la nuit et en les examinant attentivement les uns après les autres à la manœuvre. Sans vouloir généraliser, ne pourrait-on pas constater chez certains individus des traces de fatigue et une somnolence qu'il faut attribuer aux libations de la veille ?

CHAPITRE VI

IGNORANCE ET VANITÉ

Les soldats boivent de mauvaises boissons pour plusieurs motifs : d'abord par *crainte de la dépense*. Leur budget, inutile de le dire, est minime. Beaucoup ne reçoivent de leur famille que de petites sommes et à des intervalles de temps assez éloignés. Il leur faut, avec ce tout petit budget, faire face à des dépenses continuelles et multiples. Les étiquettes alléchantes des boissons *à bon marché* les tentent donc et les entraînent, en leur permettant de revenir plus souvent à la charge. Une consommation à 0 fr. 10 c. ! tout le monde peut s'en offrir chaque jour sans ruiner son porte-monnaie. Ils le savent bien, tous ces établissements qui poussent comme des champignons autour de nos casernes. Ils savent bien que c'est leur *bon marché excessif* qui attirera chaque soir nos soldats inoccupés et à la recherche d'un abri et d'un passe-temps quelconque ; et ils savent bien aussi que pour des jeunes gens en quête de distractions, la boisson doit être complétée par d'autres plaisirs à bon marché.

Et l'*ignorance !* Savent-ils, désirent-ils seulement savoir, ou, quand par hasard ils le savent, seulement se rappeler la composition de l'alcool qu'ils absorbent ? Nos soldats sont des *confiants* et ils boivent au petit bonheur tout ce qui leur est offert. Comment pourrait-il en être autrement ? Nous passons notre temps à les former à l'*obéissance absolue*. Ils s'habituent à accepter sans discussion tout ce qui leur est enseigné. Leur mentalité se transforme peu à peu, et, de méfiants qu'ils étaient en arrivant de leur village, les voilà devenus, par l'exercice continuel de la discipline, des esprits souples et des gens confiants. Cette confiance, appliquée à leur métier de soldat, est sans doute chose parfaite ; mais exercée au dehors, dans les milieux souvent peu recommandables qu'ils fréquentent, elle ne peut que les faire exploiter ; et c'est malheureusement ce qui a lieu. Il est difficile, pour ne pas dire impossible au soldat d'être à la caserne tout en confiance, et, au dehors, toujours avisé. Les natures simples peuvent-elles se dédoubler!

C'est ce sentiment de confiance dont nos soldats ne savent pas assez se défendre à l'extérieur qui les fait exploiter à plaisir, au grand détriment de leur santé et de leur bourse, par les tenanciers et tenancières des établissements qu'ils fréquentent. Et c'est encore cette confiance et la légèreté naturelle à leur âge qui les empêchent de réfléchir aux dangers de l'alcool, dont on leur a parlé à la caserne et qui perpétuent leur ignorance de tout ce qui s'y rattache.

Un des préjugés les plus grossiers de nos soldats en matière d'alcoolisme est de se figurer que les liqueurs fortes réchauffent et donnent de la *force;* et c'est en vertu de ce double préjugé qu'ils viennent demander, par exemple, à un verre de *blanche* à 0 fr. 10 le soin de réparer des forces épuisées par un long travail. Boire des liqueurs fortes, voilà le plus cher désir de beaucoup de nos troupiers. Plus c'est fort, mieux ça vaut!

Il y a là certainement de l'*atavisme*, car comment comprendre autrement des mœurs aussi arriérées dans une armée nationale? Les préjugés qui avaient cours chez des soldats de métier, de même origine, sans instruction et sans éducation, ayant forcément des goûts plus grossiers, se sont transmis d'âge en âge, en dépit de tous les bouleversements, de toutes les transformations, même les plus radicales; et nos soldats qui, à bien des points de vue, ne ressemblent guère à leurs vieux camarades des armées de la Restauration et du second empire, ont pourtant gardé par atavisme les préjugés de caserne qui touchent à l'alcoolisme.

Qui le croirait? Ce n'est pas seulement l'ignorance et les préjugés qui font courir les soldats au-devant de l'alcool. Il y a encore un mobile très puissant, un sentiment de *gloriole* et de *vanité* qui les y pousse. A la caserne on tient en grande estime ceux qui ont de l'argent; et boire, c'est montrer qu'on en a. On boit donc tant qu'on en a. Le régulateur, ce n'est pas tant le besoin physique que le *porte-monnaie*. Le buveur est secrètement flatté de savoir que sa *cuite* trouvera sa glorification dans les entretiens de la chambrée, et qu'il passera pour un martyr, si le capitaine le punit de prison.

Tout exagérées que puissent paraître ces lignes, elles n'en sont pas moins l'expression, prise bien des fois sur le vif, de l'exacte vérité. L'idéal de trop de nos soldats, c'est de boire. Ils ne pensent guère qu'à ça, ils ne parlent guère que de cela à la chambre. Qu'ils en fassent beaucoup moins qu'ils ne disent, c'est fort probable ; mais enfin, la boisson est dans leurs entretiens un objet continuel de vantardise et de gloriole et ils y rapportent une bonne partie de leurs pensées et de leurs conversations. Qu'il est donc pénible de voir disparaître en consommations inutiles et nuisibles cet argent que les familles envoient à leurs enfants, croyant venir en aide à leurs besoins les plus urgents ! Malgré leur gêne, malgré leur pauvreté même, elles n'hésitent pas à s'arracher le pain de la bouche, quand il s'agit d'un militaire qui est à l'épreuve. Et n'est-ce pas le comble de la stupidité de voir ce même militaire, qui n'avait pas le sou, s'empresser, le mandat une fois touché, de battre la générale dans sa chambre, pour organiser une petite *noce,* courir avec quelques camarades au cabaret le plus voisin, et s'imposer l'obligation de ne pas en sortir avant que tout l'argent reçu ait été dépensé ?

CHAPITRE VII

ENTRAINEMENT PAR LES CAMARADES

Indépendamment des causes précédentes qui agissent plus ou moins directement sur le soldat, il existe à la caserne une cause plus puissante peut-être que les autres pour développer l'alcoolisme. Nous voulons parler de l'influence du milieu, de l'*entraînement*.

La véritable éducation morale du soldat se fait à la chambre par le contact continuel avec les camarades.

L'escouade est le véritable *centre moral* où le frottement des existences a une résultante sur le caractère et l'esprit de chacun.

Avec une armée nationale, un recrutement territorial, et malgré certaines épurations de contingent, il faut bien avouer que ce que le recrutement envoie à la caserne est généralement très panaché, tant au moral qu'au physique. Il y a un peu de tout dans le coup de filet des conseils de revision; et comment pourrait-il en être autrement?

Les contingents des villes, particulièrement des grands centres ouvriers, n'ont pas, à beaucoup près, autant de chances que ceux des campagnes d'apporter à la caserne de bons éléments. Avant leur incorporation, les enfants des villes vivent dans des milieux parfois funestes. Dans la vie extrêmement dure que mènent le mineur, le verrier, l'ouvrier des hauts fourneaux et tant d'autres, les enfants ne grandissent-ils pas en voyant l'alcool considéré comme la seule joie, comme le seul ami du travailleur, comme le dieu suprême? Le tirage au sort et, un peu plus tard, la présentation au conseil de revision inaugurent, par des libations sans fin, la vie militaire du conscrit. Ce courant d'entraînement essentiellement atavique, qui se forme avant même l'incorporation des jeunes soldats, se poursuit et déborde à chaque arrivée de l'active ou des réserves, à la moindre occasion et à chaque départ.

Parmi les nombreux paysans que nous recevons chaque année, y en a-t-il beaucoup, on pourrait dire : y en a-t-il un seul qui vienne d'une région assez inexplorée, où l'on boive peu, où la distillation des marcs et des fruits ne soit pas encore connue, pas encore en honneur? Y en a-t-il beaucoup qui sortent de villages assez privilégiés pour n'avoir pas encore leurs auberges? de familles assez heureuses pour n'avoir pas été atteintes par le trafic des vins et des alcools? Non, ce n'est pas la caserne qui va apprendre à boire à la plupart de nos recrues. Sous ce rapport-là elles ne sont que trop bien dressées quand elles arrivent et la plupart d'entre elles ont déjà, sinon des habitudes alcooliques, au moins une propension à l'alcoolisme à laquelle la collectivité va donner des *moyens de développement considérables*. En contact continuel les uns avec les autres, soumis à des épreuves qui développent les besoins physiques, ayant surtout *à leur portée* dans les garnisons, et d'une façon *continue*, ce qu'ils pouvaient n'avoir chez eux que d'une *façon intermittente et éloignée*, et enfin privés de la surveillance et de l'intervention de leurs familles, nos soldats subissent dès le premier jour, en matière d'alcoolisme, l'influence funeste de la collectivité.

S'il y a dans une chambre des sujets alcooliques ou tout au moins portés à l'alcoolisme, les *occasions* continuelles qu'ils auront de prêcher par l'exemple et par la parole auront, nous le craignons, sur leurs camarades à la volonté flottante, une *influence plus décisive* que les conseils du capitaine. Pourquoi? Parce que le mal a plus de saveur que le bien et aussi parce que : « Notre maître, c'est notre ennemi. » Les meneurs font bien vite école, si on ne les tient avec la dernière fermeté. C'est eux qui à tout propos font naître les occasions de boire et organisent, par exemple, les *dîners de classe* où l'on fête, dans de copieuses libations, les quatre cents, les trois cents, les deux cents, les cent jours! Ce sont les meneurs qui rôdent en sentinelles vigilantes autour du mandat qui arrive aux camarades et qui transforment toutes les ressources pécuniaires des escouades en libations dont ils ne sont pas, vous vous en doutez, les derniers à profiter.

Ils ont généralement l'esprit souple et fertile en expédients et ce ne sont pas ceux qui se font pincer le plus souvent. Quand ils ont bien profité des ressources des camarades, quand ils ont bien festoyé à leurs dépens, ils veillent avec beaucoup d'attention à ne pas dépasser la mesure, car ils ne tiennent pas du tout aux quinze ou vingt jours de prison promis à leur intempérance; et, tandis que des camarades inexpérimentés s'enivrent et se font lourdement pincer, les meneurs savent non seulement se dégager à temps, mais encore faire bonne figure en passant devant le sergent de garde.

Si nous ajoutons à l'*influence* des meneurs l'*absence* des parents ne pouvant plus comme par le passé intervenir par l'*exemple*, par les *conseils*, par l'*autorité* même auprès de jeunes gens qui, la plupart du temps, ne les avaient pas quittés jusqu'à leur départ pour le régiment et qui avaient été plus ou moins étroitement tenus par eux en tutelle, nous voyons quels dangers fait courir chaque jour cette liberté *brusquement* accordée à des jeunes gens qui n'en avaient pour ainsi dire jamais usé.

Ce phénomène se manifeste particulièrement chez certains de nos dispensés article 21, article 23 et aussi chez nos réservistes. Beaucoup de ces jeunes gens et de ces hommes, venus d'une étude, d'une administration, d'un emploi quelconque dans le commerce, dans l'industrie, dans la banque, dans les chemins de fer, sortant d'examens pour se présenter à d'autres examens, considèrent la vie militaire comme un arrêt de courte durée entre deux grandes phases de leur carrière, et il leur semble que cette pause où ils sont débarrassés des *préoccupations professionnelles* et de la *surveillance* de leurs familles, est bien faite pour leur permettre de s'amuser un peu.

CHAPITRE VIII

BESOIN PHYSIQUE

Mais ce n'est pas encore tout. Il faut ajouter à toutes ces causes celle du *besoin physique,* cette nécessité impérieuse d'un excitant et d'un reconstituant que le changement de régime, la vie continuelle au grand air et les pénibles exercices de la marche lui imposent. Le métier de soldat est un de ceux où les épreuves physiques sont les plus dures. A partir de la belle saison, le troupier est toujours dehors, souvent sous la lourde capote et chargé du sac à l'ordonnance. La *poussière* des colonnes, surtout des grosses colonnes, est pour lui une cause de fatigue considérable. Et cependant, quel que soit l'état des routes, l'état de l'atmosphère, il lui faut obéir rigoureusement aux ordres donnés. Il lui faut couvrir 30, 35, quelquefois 40 kilomètres. Une fois sorti des routes et engagé en terrain varié, il n'a plus sous la main la cantinière de son bataillon et une source d'eau fraîche à point nommé. Que son bidon soit plein ou vide, il faut qu'il marche aux différentes allures sur les différents terrains. Il faut, pour qu'il puisse dégrafer son col, relever ses manches, attendre quelquefois longtemps les ordres d'un officier supérieur. Il ne peut même plus, seule chose qui lui était cependant très utile, mettre son mouchoir entre sa tête et sa coiffure.

Sans doute, aux haltes horaires, à la grand'halte, il essayera de se rattraper à la cantine, qu'il ira quelquefois chercher fort loin, il remplira son quart en passant près des fontaines et finalement il tâchera de boire en route autant de fois qu'il en aura l'occasion. Mais c'est précisément cette quantité de liquides de toutes sortes qu'il aura absorbés d'une façon irrégulière et quelquefois inopportune pendant la durée de la manœuvre, qui va, le soir venu, l'exciter encore à boire. Nos soldats, l'estomac déjà chargé et fatigué par tout ce qu'ils ont bu dans le cours de la journée, ont pendant toute la soirée une réserve de soif; et, aux heures de désœuvrement, ils sont, nous le craignons, exposés à se venger sur les boissons excitantes des longues heures pendant lesquelles il a fallu s'en priver. Ils ont sans doute tort de demander à l'alcool l'excitant et le reconstituant, d'aller prendre des apéritifs après la soupe. Mais combien leur responsabilité n'est-elle pas amoindrie, si nous laissons subsister leurs besoins physiques, sans prendre des mesures sérieuses pour y faire face et les enrayer !

En résumé, les principales causes de l'alcoolisme chez le soldat peuvent se ramener à trois chefs :

1° **Causes morales** provenant de ce que, d'une part, il ne sait pas où passer son temps quand il est libre : le *désœuvrement;* et d'autre part, de ce qu'il subit un des dangers des grandes collectivités, l'*entraînement.*

2° **Cause physique** : le besoin d'un excitant et d'un reconstituant, résultant de sa vie au grand air et des pénibles et continuelles épreuves auxquelles il est soumis, épreuves auxquelles l'éducation physique qui a précédé celle de la caserne, l'a trop souvent insuffisamment préparé.

DEUXIÈME PARTIE

MOYENS EMPLOYÉS POUR LUTTER CONTRE L'ALCOOLISME

Qu'a-t-on fait jusqu'à ce jour pour réprimer l'alcoolisme dans l'armée ? A-t-on cherché à déduire des causes du mal les moyens qu'il fallait employer pour le combattre ? C'est ce que nous allons essayer d'étudier.

La déclaration de guerre à l'alcoolisme est d'hier : elle date de 1900. La période antérieure à cette date n'est caractérisée par aucune espèce de lutte sérieuse contre l'alcoolisme ; car peut-on compter pour une guerre, même défensive, celle que l'on fait à un adversaire auquel on laisse toutes les munitions qu'on pourrait lui enlever ? Durant cette longue période, on ne semble pas avoir le souci de combattre ce fléau dans son origine et dans ses causes, de prendre l'alcool au nid pour l'y étouffer. L'ivresse est sans doute réprimée sévèrement par la prison ; mais aucune mesure énergique et radicale n'est prise pour aller au-devant des cas d'ivresse et pour les faire éviter à nos soldats.

La deuxième période, qui prend le caractère d'une guerre offensive, est à ses débuts.

L'alcoolisme a produit de tels ravages dans notre race, que cette question est devenue pour elle une *question nationale* et qu'avant dix ans, si la situation ne change pas, la France n'aura plus qu'une recrue à opposer à deux recrues allemandes. Pendant que, ravagée par le fléau de l'alcoolisme, notre race s'étiole et reste stationnaire, l'Allemagne augmente sa population dans des proportions vraiment effrayantes : 800 000 sujets par an depuis six ans, c'est-à-dire 4 millions et demi pour cette courte période.

Devant une telle menace, les pouvoirs publics se sont émus et ont officiellement déclaré la guerre à l'acool dans l'armée en l'expulsant de la caserne et en proscrivant l'enseignement antialcoolique.

Nous avons donc actuellement comme armes de combat :

La prison,

La suppression de l'alcool dans les cantines,

La parole.

CHAPITRE PREMIER

PRISON

On s'est borné pendant longtemps à réprimer uniquement par la *prison* les fautes d'ivresse, sans chercher *avant tout* à écarter le soldat des routes dangereuses qui y conduisent. On s'est enfin aperçu qu'il vaut mieux, en cela comme en toute chose, *prévenir que punir*, et, par un effort extrêmement louable, on a récemment écarté l'alcool du voisinage immédiat du soldat à la caserne. C'est un coin de gagné sur le terrain de la lutte.

Mais il ne semble pas qu'on ait encore eu souci de lutter systématiquement contre les causes les plus dangereuses pour lesquelles nos soldats s'alcoolisent à l'*extérieur* des casernes ; et c'est la prison — la seule prison — à laquelle nous confions toujours le soin de châtier l'ivresse que nous n'avons pas encore les moyens de faire éviter à nos hommes.

Or, la prison, telle qu'elle est comprise chez nous, a-t-elle les qualités nécessaires pour corriger nos buveurs ? Est-elle au moral ce que l'hôpital est au physique, un lieu de rétablissement et de guérison ? Le buveur qui y entre pour quinze, pour vingt jours, a-t-il des chances d'en sortir meilleur, d'en sortir régénéré ?

Un châtiment corporel consistant à être enfermé dans un local obscur, à être privé de tout ce qui n'est pas indispensable à la vie, à être soumis pendant six heures par jour à un peloton rigoureux, un tel châtiment pouvait sans doute convenir à l'époque où les sujets, recrutés dans les classes inférieures de la société, avaient généralement fort peu d'instruction et d'éducation, et étaient peu aptes à comprendre le côté moral d'une punition.

Mais aujourd'hui qu'il y a à la caserne plus de gens ayant de l'instruction qu'il n'y a d'illettrés, plus de gens ayant de l'éducation qu'il n'y a de gens grossiers, comment se fait-il qu'il n'y ait pas la moindre place réservée au *côté moral* dans l'expiation des fautes graves ? Comment se fait-il qu'un sujet qui s'est enivré n'ait pas à son chevet un **Livre de morale** qui serait pendant sa captivité le meilleur et le plus utile des compagnons de misère ? Comment se fait-il qu'il n'ait pas même droit, comme les malades à l'hôpital, à la visite de son capitaine ?

Mais ce n'est pas assez que rien dans l'expiation de sa faute ne s'adresse à son moral ; il faut encore que le captif soit *en contact intime* avec tout ce qu'il y a de pire au régiment ; en sorte que si l'homme puni pour ivresse n'est pas un buveur de profession et a commis une faute isolée, il est bien placé pour recevoir la *contagion des autres vices ;* tandis que si c'est un professionnel de la boisson, c'est lui qui est alors bien placé pour *faire école et contaminer son entourage.*

La prison n'ayant pas eu d'action *moralisatrice* sur le buveur, il n'en sort pas guéri et régénéré. Il est porté à en sortir avec le dernier des sentiments : la *crainte d'être puni s'il s'enivre de nouveau.* Cette crainte, sentiment passager et éphémère, ne servira qu'à le rendre plus *prudent* en ce qui concerne les apparences de la discipline ; mais elle ne le fera pas renoncer généreusement — soyez-en sûrs — à ses chères *habitudes alcooliques.* Il se contentera de remplir son verre sans le faire déborder, il saura arrêter ou faire arrêter la chauffe au moment voulu et il réservera pour les jours d'orgie ceux où il aura le plus de chances d'*impunité.*

Nous avons tous dans nos compagnies de ces tristes sujets qui boivent constamment de l'alcool, mais rarement jusqu'à l'ivresse, à cause des quinze ou vingt jours de prison qui salueraient leur retour au quartier ! En praticiens habiles, ils se gardent de faire déborder leur verre. Ils trouvent infiniment plus agréable pour eux de le remplir chaque jour jusqu'à la limite de leurs forces, certains qu'ils sont de ne pas être inquiétés. Croyez-vous ces buveurs beaucoup plus intéressants que ceux qui s'enivrent ?

Et cependant la prison n'ouvre ses portes qu'à ces derniers, ne frappe que le flagrant délit d'ivresse ; tandis que les *habitudes alcooliques*, faute de traces matérielles, sont forcément tolérées.

CHAPITRE II

ENSEIGNEMENT ANTIALCOOLIQUE

L'enseignement antialcoolique est devenu officiel dans l'armée par la circulaire ministérielle du *15 janvier 1901*. Il fait désormais partie de l'instruction théorique et de l'éducation morale de l'homme et il est enseigné d'une façon familière dans de fréquentes causeries faites par le capitaine à ses soldats.

Nous considérons cet enseignement comme une nécessité absolue ; car il faut que les mesures coercitives qui sont prises contre l'alcool trouvent leur justification dans l'esprit de tous. Il faut qu'avant de combattre un mal, chacun sache bien clairement en quoi il consiste, où il est et pourquoi il faut le combattre. Il est bien facile de se rendre compte que la plupart de nos soldats ne connaissent rien ou à peu près rien de la *composition* des boissons et de leurs effets ; et les *intéresser*, les *éclairer*, les *moraliser*, dérouler sous leurs yeux en les mettant à leur portée, les questions pratiques relatives à l'alcoolisme, c'est une *première mise en garde* contre le danger qui les menace. Ils sauront à l'occasion que tel ou tel apéritif est mauvais et qu'à la longue il produirait sur leurs organes des ravages irréparables. Ceux qui ont quelque volonté, pourront donc, au seul souvenir de ces entretiens, s'abstenir de tout excès et se bien conduire.

Mais si l'enseignement antialcoolique est une chose *indispensable*, c'est aussi une chose *insuffisante*. Aujourd'hui le mal est tellement grave, tellement généralisé, il paraît si naturel de boire n'importe quoi à toute occasion, que ce ne sont plus les recommandations qui suffisent. Des discours et des entretiens ne sauraient avoir la *prétention d'endiguer un mal* aussi actif : *ils le montrent, ils ne l'arrêtent pas*. Nos troupiers nous écoutent plus ou moins suivant que nos entretiens sont plus ou moins intéressants ; mais toutes les fois qu'ils se trouvent exposés aux occasions, leur légèreté, leur insouciance, leur esprit de routine, les font retomber dans leurs vieilles habitudes, sans trop garder le souvenir de ce qu'ont pu dire le médecin et le capitaine. Un enseignement purement théorique ne peut avoir d'effets décisifs que sur des sujets dont le *développement moral* est complet, sur les officiers. Mais pour le soldat, il faut encore des obstacles matériels, des barrières contre lesquelles vienne se briser la volonté des buveurs. A la *parole*, il faut ajouter l'*action*.

CHAPITRE III

SUPPRESSION DE LA VENTE DE L'ALCOOL DANS LES CANTINES

Tout en regrettant que la France se soit laissé devancer depuis seize ans par la Belgique (circulaire du 12 septembre 1885) et depuis huit ans par le XVIe corps allemand (Metz) dans les mesures prohibitives contre l'alcool, il n'en est pas moins heureux pour l'armée que la circulaire du 3 mai 1900 ait enfin interdit la consommation de l'alcool dans l'intérieur des casernes, camps et cantines.

Avec des enfants comme nos soldats, l'*ultima ratio* ne saurait consister dans de simples conseils.

Quand une source est empoisonnée, n'est-il pas plus prudent et plus sûr de la tarir radicalement, quand c'est possible ? C'est ce qui a été fait dans nos casernes : l'alcool y circulait, on l'y a supprimé. Tant mieux. Dans la vie du troupier, l'alcool joue un rôle prépondérant. Pour quantité de motifs, le soldat ne sort pas toujours, n'aime pas à sortir régulièrement du quartier. En hiver il est bien aise de ne pas avoir à se changer ; en été, il est souvent fatigué des exercices. La cantine à proximité de sa chambre et où il peut facilement se réunir à ses camarades et à ses amis, flatte évidemment sa paresse en même temps que ses goûts pour la boisson. Ce qui surtout lui fait également rechercher ce lieu, c'est la possibilité d'y trouver des consommations vérifiées et à des prix modérés. Or, avant la circulaire du 3 mai 1900, il se débitait de tout dans les cantines, mais *surtout de l'alcool*. Le petit verre de « blanche » était très goûté du troupier. On en buvait toute la journée, mais surtout le *matin à jeun*, avant de partir pour l'exercice ! Un cantinier nous racontait que le jour de son entrée en fonctions, il avait débité plus de *cent litres d'alcool* avant la soupe du matin !

Sans doute il faut bien encore compter avec la contrebande, mais que peut-elle être à côté de ce qui se passait autrefois ?

Le matin, pendant la journée, aux repas, entre les pauses d'exercices, le soldat ne peut plus boire d'alcool et on lui sert des boissons hygiéniques (café, thé, chocolat, etc.) qui ne peuvent que faire le plus grand bien à sa santé.

Et le soir — quand le troupier a la liberté de sortir — la masse, surtout en hiver, n'en profite pas. Mais la plupart ne sont pas fâchés d'aller se retrouver à la cantine avec quelques camarades. Leurs boissons sont vérifiées et la cantinière au lieu de les pousser à boire *jusqu'à l'ivresse,* veille, sans doute par *prudence* plus que par *vertu,* au moment *psychologique* où il faut les arrêter et au besoin les expulser.

Mais la cantine ne supprime pas le danger de l'*extérieur*. Le diminuant pour celui qui n'aime pas à sortir, elle ne fait que le déplacer pour celui qui veut boire quand même. Sachant qu'il pourra trouver au dehors, *à quelques pas* de la caserne, ce qui est *prohibé à la cantine,* le buveur s'est bien vite mis en tenue afin d'user de la funeste liberté laissée à sa passion. Et finalement l'alcool qu'il va boire au cabaret voisin de la caserne est sans doute pire que celui qu'il aurait consommé à la cantine, s'il y était encore toléré.

TROISIÈME PARTIE

LUTTE CONTRE LES PRINCIPALES CAUSES DE L'ALCOOLISME

L'alcool a été expulsé officiellement de la caserne : c'est une première position conquise ; mais le moment est venu de combattre l'alcool à l'*extérieur*, et c'est là que nous devons maintenant engager vigoureusement la lutte.

Devons-nous, parmi les différentes solutions qui se présentent à l'esprit, préconiser des *mesures coercitives* contre le débitant, ou nous borner à trouver quelques moyens efficaces d'*éloigner* le soldat du cabaret ?

A supposer qu'une loi nous rende possible un *contrôle* rigoureux sur les cabarets établis par exemple dans un rayon de un kilomètre autour de chaque caserne, et l'interdiction de la vente de l'absinthe et de certains apéritifs dans ces cabarets, à supposer que les débitants de ces cabarets soient rendus *responsables* de tout cas d'ivresse concernant des militaires, on ne ferait, somme toute, qu'enrayer le mal dans de très faibles proportions.

Ce qu'il faut détruire chez le soldat, c'est l'*amour* de l'alcool, cet instinct brutal et routinier qui porte notre soldat à *boire pour boire*. Ce qu'il faut chercher, c'est à *éloigner* le soldat du cabaret non pas tant par des mesures coercitives qu'il pourrait considérer comme vexatoires et qu'il arriverait presque toujours à éviter par la ruse, qu'en lui inculquant le sentiment raisonné de sa dignité personnelle, qu'en lui donnant aux heures libres, de *nouvelles habitudes* de caserne et en lui inspirant du *goût* pour les distractions honnêtes.

Il faudra donc dans ce but :

1° Lutter énergiquement et activement contre les *causes* pour lesquelles le soldat se livre à l'alcoolisme à l'intérieur et à l'extérieur des casernes ;

2° Développer et perfectionner les mesures déjà adoptées officiellement contre l'alcoolisme.

Mais avant d'aborder l'étude des moyens qui nous paraissent les plus pratiques pour réaliser ce but, qu'on nous permette de préciser notre pensée sur leur valeur. D'une façon générale, nous ne saurions offrir de recette infaillible. Si certaines expériences, conduites avec vigueur et persistance, ont déjà été couronnées de succès dans d'assez nombreux corps de troupe, leur durée a été encore trop courte et leur nombre trop restreint, pour qu'il soit permis de conclure dès aujourd'hui du particulier au général. De plus, les conditions matérielles et morales dans lesquelles elles se sont produites ont été plus ou moins différentes de celles où elles auraient pu avoir lieu dans d'autres garnisons, si elles y avaient été tentées.

Le lecteur voudra donc ne voir dans notre étude qu'une suite d'indications, provenant d'*expériences* et d'*idées* personnelles dont plusieurs sont discutables et toutes très perfectibles. Si nous nous sommes proposé d'attirer l'attention de nos camarades de tout grade sur cette importante question, c'est que nous avons voulu provoquer chez eux l'esprit de *recherche* et de *discussion* indispensable à une mise au point. Et s'il devait arriver, comme c'est probable, qu'après l'examen attentif des moyens que nous allons leur proposer, ils en trouvassent de meilleurs et de plus pratiques, nous nous estimerions encore très heureux d'avoir pu, dans notre modeste sphère, en provoquer le développement et la généralisation dans l'armée.

CHAPITRE PREMIER

LUTTE CONTRE LE DÉSŒUVREMENT

1° DISTRACTIONS QUE LE SOLDAT PEUT SE PROCURER A LUI-MÊME OU DEMANDER A SES CHEFS

Nous avons dit que pour éloigner le soldat de l'alcool, il fallait lui trouver, aux heures libres, de *nouvelles habitudes* de caserne et lui inspirer du goût pour les distractions honnêtes.

La première préoccupation du capitaine sera l'aménagement en *salle de réunion* d'un local disponible de sa compagnie. Si les soldats, après la soupe du soir, trouvaient, en hiver particulièrement, un local confortable qui leur permît de se grouper pour faire le cercle autour du poêle, en fumant leur pipe, ou de lire et d'écrire en tenue d'intérieur, ils éprouveraient beaucoup moins la tentation de déserter la caserne et d'aller si malencontreusement chercher des distractions au fond des cabarets. Une salle de réunion, bien aérée ou bien chauffée suivant la saison, contenant une bibliothèque, quelques jeux, quelques fournitures de bureau, attirerait chaque soir d'hiver au moins tous ceux que la fatigue, le manque d'argent, le manque de temps ou peut être aussi la paresse n'incitent pas à sortir. Et si, même les jours de mauvais temps, nous voyons encore tant de nos soldats désœuvrés à travers les rues de nos garnisons, c'est que la caserne n'a pas su les retenir et les distraire.

Les locaux aménageables en salles de réunion sont malheureusement pour la moyenne des garnisons, surtout des grandes, assez difficiles à trouver. Il n'y a guère que les réfectoires qui puissent nous servir de salles de réunion permanentes. Et encore ne faudrait-il pas trop s'illusionner sur leur valeur. L'exiguïté du local, la nécessité de le faire servir à double fin, par suite des multiples services d'ordinaire qu'on y exécute, avant d'en rendre l'accès sinon agréable du moins suffisant, réduisent dans de notables proportions le parti qu'on en pourrait tirer s'il n'avait qu'une affectation.

Mais, malgré ces inconvénients, si la corvée de réfectoire se fait lestement et rigoureusement après la soupe du soir, les hommes pourront avant de se coucher venir y passer deux ou trois heures agréables. Bon nombre d'entre eux seront heureux d'y être à l'aise et au chaud, sans être comme à la cantine obligés de consommer. Les réfectoires, malgré l'imperfection habituelle des aménagements, ont donc à ce point de vue, une grande utilité. Mais elle n'est pas la seule.

Outre qu'ils permettent aux hommes de se réunir entre eux, ils permettent aussi à leurs officiers de les réunir fréquemment pour des *causeries sans apprêt* et des *séances récréatives*. Le mieux sera de mêler l'un à l'autre — *utile dulci* — et de toujours laisser nos soldats, après un entretien quelquefois d'une nature un peu grave, sous l'impression gaie d'une chansonnette ou d'un monologue.

Les éléments abondent dans nos unités. Il suffit de les grouper, de les stimuler et de les mettre en valeur. Il suffit d'encourager l'amour-propre des artistes, de ne craindre pour soi-même ni le nombre ni la durée des répétitions et de mettre sans compter la main à la pâte, en dirigeant la bonne volonté et les efforts des débutants.

Rien n'est plus propre à développer l'*esprit de compagnie* que ces séances amicales où le capitaine dépouille une partie de son autorité pour se rapprocher de ses hommes, pour leur parler de tout ce qui peut les intéresser en dehors de leurs obligations militaires, et où chacun rivalise pour apporter à la réunion son contingent de gaîté et de bonne humeur.

Il n'est certes pas nécessaire que ces séances soient bien fréquentes. Une seule par mois est à notre avis suffisante; mais à la condition que les préparatifs en soient faits avec beaucoup de soin, et soient laissés à l'entière initiative du capitaine. C'est de cette façon qu'on arrivera *sans frais* à obtenir le résultat cherché, de retenir le plus possible les hommes à la caserne;

car la préparation d'une séance telle que nous la concevons et que nous l'avons exécutée, exige au moins quinze jours de travail après la soupe du soir, à peu près pour la moitié de la compagnie. Tandis que les chanteurs répètent, les peintres préparent la décoration de la scène, les costumiers (lisez : les tailleurs de la compagnie) essaient les effets et font les ajustages ; les instrumentistes s'exercent avec un musicien de bonne volonté ; les acteurs apprennent leur rôle. N'hésitons pas, si nous voulons que ça marche, à nommer un régisseur, un souffleur, un chef de claque, etc., car il ne faut pas oublier que notre but est d'occuper et d'amuser le plus de monde possible à la fois. En sorte que la séance elle-même est le résultat de 15 jours d'efforts dans toute la compagnie après la soupe du soir. Et non seulement personne ne se plaint, mais tout le monde est enchanté. Ainsi entendues, les séances récréatives peuvent avoir une influence morale des plus heureuses sur l'ensemble d'une compagnie.

Nous avons parlé plus haut des chanteurs. L'organisation d'une chorale est une conséquence de celles des séances récréatives. Il n'y a pas de théâtre sans orchestre. L'organisation d'une chorale est d'autant plus utile, qu'elle permet de grouper deux ou trois fois par semaine entre 6 et 7 heures du soir tous les hommes de la compagnie qui ont un peu de voix, et de les faire exercer soit par un musicien de la compagnie, soit par un sous-officier, si c'est possible. On peut arriver sans grande difficulté à faire chanter des chœurs à deux et à trois voix à des hommes ne connaissant pas une note de musique. Le résultat cherché est encore atteint, car la répétition absorbe si bien les chanteurs, qu'ils ne songent plus à sortir quand elle est terminée.

Mais si les salles de réunion sont extrêmement utiles en hiver, elles le deviennent beaucoup moins, les beaux jours venus. Nous devons alors provoquer au contraire chez nos hommes l'amour des *jeux* et des *distractions* à l'*extérieur* des chambres.

Ces jeux, ces distractions, ils peuvent les trouver soit à l'*intérieur*, soit à l'*extérieur* de la caserne.

On a dans presque tous les régiments organisé des

jeux de plein air. C'est d'ailleurs une des conséquences de la mise en application du nouveau manuel de gymnastique. De généreux donateurs ont fourni *gratuitement* à quantité d'unités, des jeux d'été et des jeux d'hiver. Beaucoup de compagnies possèdent un ou deux ballons de foot-ball, des quilles, un jeu de cochonnets. Les cours des casernes, quoique un peu dures pour les chutes, offrent cependant la possibilité de jouer au foot-ball. Mais il serait bon que les chefs de corps fissent aménager le long des murs, aux rares endroits disponibles, des emplacements pour les quilles et le cochonnet.

Certaines garnisons de l'Est, comme Nancy, Toul, Verdun, ont très heureusement organisé des équipes de foot-ball, qui viennent lutter les unes chez les autres devant un nombreux public. Ces matchs n'ont pas seulement pour avantage de favoriser le goût d'un sport excellent pour la santé, mais aussi d'attirer quantité de nos soldats qui sont ainsi arrachés au désœuvrement et à l'ennui pendant plusieurs heures de leurs dimanches.

Disons enfin quelques mots des *excursions libres* à l'extérieur des garnisons.

Il n'est pas de garnison, petite ou grande, qui n'ait dans ses environs des curiosités artistiques, géographiques, géologiques, des établissements industriels ou agricoles, enfin des souvenirs historiques.

Quelques excursions libres, conduites par le capitaine ou l'un de ses officiers, suivant leurs aptitudes propres, sur un point où il y aurait quelque étude intéressante à faire, quelque souvenir à rappeler, auraient à notre avis non seulement le précieux avantage, en faisant diversion aux occupations plutôt monotones de notre métier de fantassin, d'*instruire* nos hommes sur une foule de questions qui leur échappent, mais encore de les *intéresser* aux questions économiques, à la géographie et à l'histoire militaire de la région où ils garnisonnent.

Ces excursions, bien dirigées et bien conduites, ouvriraient mieux que de fastidieuses théories en chambre, l'esprit et le cœur de nos soldats, à l'intelligence des beautés et des curiosités de nos sites, de nos monuments, de notre puissance économique, enfin et par-dessus tout, de notre histoire militaire. Il n'est plus admissible que des militaires quittent leur garnison après trois ans de service, sans que leurs officiers aient cherché à leur montrer ce que des étrangers viennent souvent de fort loin connaître et admirer, sans que ces hommes soient capables en rentrant dans leurs foyers de dire ce qu'ils ont vu de plus beau et de plus intéressant autour de leur garnison, et d'en savoir un peu plus ou au moins autant que ceux qui les interrogent. De telles excursions, pour ne jeter aucun trouble dans la vie régimentaire, devraient être exécutées en principe le dimanche et assez rarement, pour *faire époque* dans les souvenirs de nos soldats.

Il serait utile d'organiser les excursions de façon qu'un itinéraire à pied précédât ou suivît le trajet en chemin de fer, s'il en était besoin. Pour que ces déplacements aient une véritable portée et ne dégénèrent pas en exodes continuels et sans but sérieux, nous croyons qu'il serait indispensable que leur nombre fût limité dans l'année militaire aux dates marquantes de la présentation du drapeau aux recrues, de leur admission à l'école de compagnie, à l'école de bataillon, et enfin à l'époque des prix de tir. Nous préférerions ce genre de récompense à celui qui consiste encore trop souvent à prescrire une distribution de vin. Les frais de semblables excursions pourraient être nuls, au cas où elles auraient lieu à pied ; et dans le cas où il serait indispensable de parcourir un faible trajet en chemin de fer, ils ne sauraient jamais être bien élevés et plus coûteux que les dépenses qu'un soldat désœuvré court le risque de faire le dimanche. Les repas se prendraient sur le terrain et seraient emportés dans la musette. Enfin l'excursion serait entièrement libre, en sorte que ceux des soldats qu'un tel genre de distraction n'intéresserait pas ou qui ne se sentiraient pas suffisamment en train pour entreprendre l'excursion, auraient une bonne journée pour se reposer ou sortir librement dans la garnison.

Ce ne serait donc pas un pensum pour les petites bourses et ce serait en même temps un moyen puissant de rompre de loin en loin la monotonie de l'emploi du temps dans les unités. Comme pour les séances de compagnie, de semblables excursions ne s'improviseraient pas. Elles seraient préparées par quelques entretiens relatifs à l'excursion projetée, de façon que tous les soldats pussent bien la comprendre, et qu'on n'eût, le jour venu, qu'à leur résumer sur les lieux les parties les plus importantes.

Si au lieu de se borner à apprendre aux soldats de la 11e division, dans des théories en chambre, les événements les plus marquants des journées des 16 et 18 août 1870 en faisant uniquement appel à leur mémoire, on leur faisait un beau jour prendre le train jusqu'à Mars-la-Tour ou jusqu'à Habonville, combien les épisodes de ces deux tragiques journées ne se graveraient-ils pas mieux dans leurs cœurs, et combien les récits que pourraient alors leur faire leurs officiers, ne produiraient-ils pas, grâce au témoignage des monuments et du terrain, des émotions plus profondes et plus durables !

C'est ainsi que nos voisins comprennent l'éducation morale de la garnison de Metz. Des officiers, de simples sous-officiers conduisent constamment leur troupe sur les champs de bataille des 14, 16 et 18 août. Là, devant les monuments, en face de la frontière, ils apprennent à leurs soldats les grandes choses qui ont été faites dans ces célèbres journées. Ils leur lisent les épitaphes des monuments, et en dégagent toujours une signification morale. Ils leur montrent aussi nos routes, nos vallées qu'ils leur représentent comme les itinéraires obligés de la prochaine invasion de notre pays, comme la proie facile et riche promise à leur courage. C'est ainsi qu'avec des éléments inférieurs aux nôtres, ils tiennent constamment en éveil et surexcitent chez leurs soldats un patriotisme et un amour de l'offensive qui ne seraient pas si farouches sans les soins continuels qu'ils mettent à les entretenir et à les développer.

Mais indépendamment de ces moyens dont la réalisation nous semble facile pour relever le niveau moral de nos soldats et les éloigner par conséquent du cabaret, il en est de plus incertains, de beaucoup plus discutables et dont la mise en pratique dépendra essentiellement des garnisons. Nous avons dans nos unités un certain nombre d'ouvriers en bois et en fer qui ne seraient pas fâchés, s'ils avaient un local disponible, d'y venir travailler après la soupe. Nous conseillons donc aux heureux capitaines qui auraient assez de place dans leur casernement, d'organiser une chambre en atelier et de permettre à leurs ouvriers d'apporter de chez eux quelques outils pour travailler aux heures libres.

Il y a aussi certainement des garnisons où l'on pourrait utiliser le goût et le savoir de nos soldats pour le jardinage et la culture. Nous conseillerions fort aux agriculteurs de nos compagnies d'aller le soir entre six et huit heures, donner un coup de main dans les fermes les plus rapprochées de la garnison. Nous voyons, aux manœuvres, combien les villageois tiennent à être aidés par nos hommes dans les grands travaux de la culture (labour, fenaison, moisson, vendange, etc.). Il y aurait donc quelque chose d'utile à tenter dans ce sens. A Metz, les escadrons consacrent une partie de leurs bonis à acheter des champs de fourrage sur pied ; et ce sont les cavaliers eux-mêmes qui le fauchent et l'emportent. On voit combien nos voisins sont pratiques en occupant les hommes à améliorer l'ordinaire de leurs chevaux.

2° DISTRACTIONS QUE LE SOLDAT PEUT DEMANDER AUX CERCLES DUS A L'INITIATIVE PRIVÉE

Il y a aujourd'hui en France un certain nombre de cercles dus à l'initiative privée.

Nous pensons que puisque les soldats sont soumis à notre tutelle, il serait préférable en principe qu'ils fussent toujours soustraits aux influences du dehors et qu'il n'est peut-être pas très prudent de les laisser prendre, même pour quelques heures, une tutelle qui n'est pas la nôtre.

Nous sommes donc d'avis que dans les casernes où des locaux seraient spécialement aménagés pour le repos et la distraction du soldat, il n'y aurait pas lieu de désirer pour lui autre chose à l'extérieur.

Mais quand il n'y a rien pour retenir agréablement le soldat à la caserne — comme c'est malheureusement le cas le plus fréquent — comment ne pas savoir gré aux organisateurs civils des cercles de garnison, de combler à leurs frais cette grosse lacune et d'arracher nos soldats aux dangers quotidiens de l'oisiveté et du désœuvrement? Tant que nous n'aurons rien fait de sérieux dans nos casernes pour y retenir et y distraire le soldat, nous perdrons nos droits à sa tutelle exclusive et nous aurions, semble-t-il, mauvaise grâce à ne pas les céder pour quelques heures à ceux qui lui fournissent gratuitement tout ce que nous nous trouvons dans l'impossibilité de lui offrir.

La *Ligue de l'enseignement* a ouvert en décembre 1901 à Vincennes un cercle destiné au repos, à la distraction et à l'instruction du soldat. L'installation se compose d'une grande salle avec billard, piano, jeux de toutes sortes, sauf les cartes, matière à disputes. Un jardin, qui y est annexé, servira pendant l'été aux jeux de quilles, de boules, de ballon, etc.

La grande salle est éclairée à l'électricité et bien chauffée.

Au premier étage se trouvent une salle de travail où les troupiers trouveront de quoi écrire et à côté une bibliothèque.

Quoique le cercle ne soit pas un lieu de consommation, on y sert du café, du thé, et même de la bière.

L'auteur de cette fondation espère qu'un jour viendra où, dans toute la France, chaque caserne sera doublée d'une maison calquée sur le *Foyer du soldat* de Vincennes. Il s'occupe d'en créer une à Versailles et il compte ainsi les faire rayonner peu à peu dans toutes les garnisons.

L'entreprise de la Ligue de l'enseignement, qui a reçu l'approbation officielle du Ministre de la guerre, ne peut être que de très bon augure pour tous les autres cercles dus à l'initiative privée; car la *concurrence*, si l'on peut s'exprimer ainsi, est en tout une condition du succès.

Parmi les œuvres de *philanthropie* qui peuplent le monde, on n'a pas encore assez pensé à faire leur place à ces établissements pour le repos et la distraction du soldat. On voit fréquemment des monuments, des propriétés légués par de riches célibataires à leur ville natale. Mais parmi les œuvres de bienfaisance qui honorent l'humanité, pense-t-on aux soldats de sa propre garnison dans la part qui est faite aux déshérités ? Songe-t-on à faire quelque chose pour eux, pour leur bien-être matériel et moral ?

Ce serait un bon placement que celui qui servirait à donner quotidiennement asile à des jeunes gens qui ne savent pas où passer leurs heures de loisir et dont beaucoup désireraient lire, écrire, travailler, préparer des examens, se distraire d'une façon quelconque.

Il existe à cette heure des cercles dus à de généreuses initiatives privées. Mais il importe que cette idée soit vulgarisée plus qu'elle ne l'est en France, afin qu'elle se généralise et que dans chaque garnison le *cercle des soldats* devienne le complément de la caserne, la règle et non l'exception.

CHAPITRE II

LUTTE CONTRE L'ENTRAINEMENT

La deuxième grande cause d'alcoolisme est l'*entraînement*, soit par les camarades, soit par le public.

Comment lutter contre l'entraînement par les camarades ? Ils ne sont heureusement pas nombreux ceux qui dans nos compagnies ont de l'influence sur leurs camarades au point de vue alcoolique. Nous les connaissons et nous devons particulièrement les surveiller. Pour cela il est important de les placer dans l'escouade et dans la section tenues le plus sévèrement, afin que nous soyons toujours renseignés exactement sur tout ce qu'ils y disent et sur tout ce qu'ils y font.

De plus, toutes les fois que la chose est possible — dans la garnison de Nancy, on en a de très nombreuses occasions — il est très utile d'agir par l'*isolement* et de désigner ces tristes sujets pour les travaux extérieurs (champs de tir, construction de routes stratégiques, etc.) qui leur procurent une cure d'air quotidienne et les éloignent pendant toute la journée du reste de leurs camarades. Le soir, quand ils rentrent harassés, après s'être mouillés le plus souvent pendant toute la journée, ils ont moins envie de courir les auberges que de se coucher. Sans doute l'ivrogne ne se corrigera pas parce qu'on l'aura éloigné momentanément de la bouteille ; mais son isolement aura du moins préservé pendant un temps appréciable son entourage. Le capitaine doit surveiller l'arrivée des mandats. S'il constate que des parents trop faibles envoient de l'argent à un enfant qui en use mal et qui va le boire au cabaret, il est de son devoir de les prévenir afin de réduire les ressources du buveur et de lui enlever de trop fréquentes occasions d'entraîner ses camarades. Le mélange des classes sociales a donné à nos soldats, même à ceux qui n'ont presque aucune ressource, le goût de la dépense. Au lieu de prendre à la caserne comme le soldat d'autrefois des habitudes d'ordre et d'économie, ils cherchent trop souvent à faire comme le camarade qui a de l'argent ; et la caserne devient pour eux l'école de la *dépense*. Certes bien des familles sont à plaindre, mais bien des familles aussi sont *blâmables* parce qu'elles ne cherchent pas suffisamment à connaître l'emploi des fonds envoyés à leurs enfants. Il faudrait qu'elles fussent bien pénétrées que non seulement il n'est pas utile, mais qu'il est dangereux que le soldat ait beaucoup d'argent à la fois, parce qu'il a mille occasions de le dépenser au café ou ailleurs pour peu qu'il trouve sur son chemin des camarades qui flairent une bonne aubaine et qui l'entraînent.

Comment résister encore aux camarades et comment se préserver à l'extérieur de l'entraînement du public ?

Par la *volonté* et par l'*exemple de ses chefs*.

Le régiment doit être une grande école de *volonté*. Après avoir développé dans le soldat la conscience de ses devoirs, il faut que nous fassions de lui un être *énergique et résolu dans leur exécution*. L'officier est éducateur autant qu'instructeur de ses hommes. Aujourd'hui plus qu'à aucune époque, il en est le point de mire, et son exemple a sur eux une influence prépondérante. C'est le chef, quel que soit le galon, mais surtout l'officier qui doit être le *guide* de leurs actions.

Nos soldats ne sont que trop portés à subir l'entraînement de leur milieu. Qu'adviendrait-il si, en matière d'alcoolisme, ils voyaient encore leurs officiers, leurs *professeurs de morale,* ne pas mettre leurs *actes* en concordance avec leurs *paroles ?*

Nous disons à nos soldats qu'il ne faut pas boire d'alcool, qu'il ne faut pas prendre d'absinthe, après le repas surtout, que l'habitude de boire de l'alcool ruine les forces, la santé, dégrade l'homme et le porte aux pires excès. Qu'adviendrait-il si après avoir tenu un pareil langage, on nous rencontrait au café en train de savourer une absinthe ! Et cependant cela n'arrive-t-il pas quelquefois ? Quelle confiance un officier peut-il bien inspirer à ses hommes dans ses théories sur l'alcoolisme, si la compagnie qui l'écoute connaît par son ordonnance tout ce qu'il déguste avant, pendant et après ses repas !

N'y a-t-il pas des officiers qui se font communiquer les ordres, qui signent leurs pièces à la pension, au café, sans trop se soucier de ce que voit et entend le planton silencieux qui attend ?

Les petits sont naturellement portés à voir et à exagérer les défauts de leurs supérieurs et surtout à s'autoriser de leur exemple pour en faire dix fois plus.

Dans les cercles militaires, quels sentiments peuvent bien avoir les plantons qui attendent à la porte, et qui, en guise de distractions, peuvent lire une pancarte en grosses lettres faisant connaître le tarif des différentes absinthes réservées à MM. les officiers ?

Absinthe verte. . . . . o fr. 30
Etc...

Dans nos réceptions, nos serveurs, nos musiciens, qui n'ont pas toujours le meilleur esprit militaire, ont en revanche d'excellents yeux pour contempler le défilé des consommations, et nous ne sommes plus à une époque où la foi soit tellement robuste qu'il soit encore possible de faire croire que les regrets de *départ* ou les souhaits de bienvenue doivent s'exprimer entre officiers par une longue suite de consommations alcooliques prises en service commandé. De telles habitudes ne sont qu'une survivance du passé, et il faudra bien qu'elles disparaissent, si nous voulons être *compris, respectés et obéis* de nos hommes quand nous leur parlerons d'alcoolisme.

Ces réceptions produisent d'ailleurs un effet d'autant plus regrettable sur le moral de nos inférieurs qu'elles nous donnent à leurs yeux *l'apparence* de buveurs qu'à de très rares exceptions nous ne méritons pas. On ne boit plus dans les *réceptions,* et les bouteilles restent aux trois quarts pleines. Il y a des officiers qui se contentent d'une tasse de thé ; il y en a même qui ne boivent rien, et nous demandons s'il est bien utile de faire croire à grand renfort de trompe aux habitants d'une garnison que l'on vide quantité de bouteilles, alors qu'en réalité les flacons restent à peu près intacts.

Nous croyons que la camaraderie peut s'exprimer convenablement sans recourir à ces formules de l'ancienne armée qui ont survécu, on ne sait pourquoi, à tant d'autres ruines et qui nous donnent bien à tort des apparences fâcheuses et en contradiction avec notre rôle d'éducateurs du soldat.

CHAPITRE III

MODIFICATION AUX HEURES DES REPAS

Nous avons constaté que l'heure du repas du soir intervenait d'une façon fâcheuse dans la journée du soldat, en lui donnant chaque jour trois heures d'oisiveté, en lui fournissant la dangereuse liberté de courir et surtout de s'asseoir à l'extérieur de la caserne.

Or, y a-t-il nécessité, y a-t-il utilité à ce que le soldat mange le matin à 10 heures ou 10 heures et demie et le soir à 5 heures ?

Au point de vue de l'instruction, la soupe de 10 heures coupe le travail de la matinée et celle de 5 heures celui de l'après-midi en deux tronçons inégaux peu favorables au développement du travail.

En effet, en hiver, la matinée commencée avec le jour à 8 heures et terminée à 10 heures et demie est une demi-journée de travail par trop écourtée, où une trop grande partie du temps est consacrée à se rendre sur les emplacements d'exercice et à en revenir, sans véritable profit pour l'instruction.

Le soir on pourra sans doute se rattraper en exerçant la troupe de midi à 5 heures. Mais précisément l'heure à laquelle elle mange ne correspond pas à celle à laquelle mangent la plupart des officiers, les adjudants, les sergents-majors, les sergents rengagés mariés, et il en résulte qu'on ne peut pas commencer le travail de l'après-midi *à midi* sans écourter le repas des cadres supérieurs des compagnies et sans gêner particulièrement et continuellement ces cadres, qui ne sont pas sur place et dont la plupart sont mariés. Et de plus pourquoi faire manger les soldats à une heure différente du reste de la société, à une heure autre que celle à laquelle ils mangeaient chez eux et à laquelle ils mangeront plus tard ? Sont-ils donc, depuis que les voilà entrés à la caserne, organisés autrement que le reste des hommes, autrement que leurs frères les travailleurs des usines, des hauts fourneaux qui commencent pourtant l'ouvrage au petit jour et qui attendent, comme tout le monde, le coup de midi pour manger et se reposer ?

Sont-ils donc autrement organisés que les élèves des écoles militaires qui, en hiver au moins, se lèvent deux heures plus tôt que dans les régiments ?

Non, ce n'est pas utile de manger trop tôt, d'abord parce que le travail de la matinée est trop écourté, ensuite parce que les cadres (officiers mariés ou non, adjudants, sergents-majors et sergents rengagés mariés) sont obligés, pour se plier à l'emploi du temps de l'après-midi, de manger à une heure différente de celle adoptée partout, et enfin (c'est là où nous voulons en venir), parce qu'on est obligé d'avancer le soir le repas de la troupe d'une quantité égale à celle où on l'a avancé le matin.

Dans l'ancienne armée ces trois heures quotidiennes de liberté étaient peut-être pour le soldat une compensation de l'*éloignement* où il se trouvait de sa famille (la France n'était pas alors sillonnée comme aujourd'hui par les voies ferrées) et de la *durée* de service qu'il avait à accomplir. Un militaire qui faisait tout son congé, c'est-à-dire jusqu'à sept ans sans revoir sa famille et son village, avait droit à des compensations quotidiennes, à une part de liberté plus grande que celui qui, comme notre soldat actuel, est souvent incorporé dans son propre pays, est fréquemment sur le chemin de son village et se croit perdu quand il n'a pas revu sa famille depuis quelques mois.

Le ministre de la guerre est très heureusement entré dans la voie des réformes en modifiant le *régime de nuit* de la caserne au point de vue des permissions. Mais ne faudrait-il pas modifier dans le même sens le *régime de jour* qui constitue aujourd'hui un *anachronisme*, puisqu'il est disposé de façon à donner le soir aux soldats une liberté dont ils n'ont *plus besoin* et qui n'offre guère que des inconvénients à leur inexpérience et à leur manque de ressources?

Entrons dans une caserne allemande et jetons un coup d'œil sur un tableau de service d'hiver :

Matin. 6 heures : Réveil, café au lait, nettoyage, astiquage, ablutions;
7 heures à 7h45 : Théorie;
8 heures à 11 heures : Exercice;
11 heures à 12 heures : Gymnase.
Soir. 12 heures à 1h30 : Soupe et repos;
1h30 à 4h30 : Exercice;
5 heures à 6 heures : Théorie;
6 heures à 7 heures : Raccommodage.

Ainsi le soldat allemand est occupé le matin jusqu'à midi et souvent jusqu'à midi et demi, et, dans l'après-midi, le quartier est consigné pour lui jusqu'à 7 heures.

Est-il besoin d'ajouter qu'en semaine on ne voit jamais un soldat et un sous-officier instructeur dans la rue? Les *heures libres*, c'est-à-dire de 5 à 7 heures, sont occupées à des travaux intérieurs de compagnie, aux stiefelparade, aux lumpenparade, comme disent leurs troupiers.

Le résultat moral de ces dispositions est de ne donner au soldat après son repas du soir qu'un temps insuffisant pour lui permettre de flâner et de courir les brasseries, et de diminuer pour lui par conséquent le danger de l'alcoolisme.

Examinons maintenant ce qui se passe dans nos casernes.

D'abord en hiver. Les exercices et théories se terminent avec la soupe, c'est-à-dire à 5 heures du soir, ce qui ne veut pas dire du tout que la journée du troupier digne de ce nom est finie. Après la soupe, le soldat, la recrue surtout, a des quantités de choses à faire, qu'il n'a pas eu le temps d'exécuter pendant la journée : raccommodage, astiquage, nettoyage du fusil, nettoyage et séchage des effets, graissage des chaussures, mise en place du paquetage, montage du sac, étude dans son manuel de la question théorique sur laquelle il sera interrogé le lendemain, etc., etc.

Un soldat qui veut faire son service convenablement est *moralement* obligé de rester au quartier le soir après la soupe. Le malheur réside donc en cela que rien ne l'y oblige matériellement et qu'en somme si la plupart des soldats le font, il y en a toujours quelques-uns qui ne le font pas. Si une section, si une escouade est bien commandée, les hommes restent. Mais quand le sergent, quand le caporal, sont faibles, indifférents, ne font pas à leurs hommes un devoir de compléter leur journée en alignant tout ce qu'ils ont en retard, ces hommes cessent bientôt d'hésiter entre la *conscience* qui les pousserait à rester à la chambre et le « je m'enfichisme » qui les attire à l'extérieur. Il y en a toujours quelques-uns qui se laissent tenter. Pour les anciens, c'est bien pis : aussitôt qu'ils peuvent sortir, il y en a beaucoup qui sortent.

Il résulte de ce qui précède que si la soupe du soir, au lieu d'être à cinq heures, était à sept heures, ces multiples travaux d'intérieur qui sont moralement obligatoires pour le soldat et qui sont d'ailleurs exécutés par beaucoup d'entre eux après la soupe, seraient faits *par tout le monde d'une façon régulière et surveillée*. Cela ne changerait pas beaucoup la vie du soldat, mais ça la régulariserait, ça l'orienterait vers tous ses devoirs en ne lui laissant pas la faculté de faire ou de ne pas faire certaines choses, parce que leur exécution ne peut avoir lieu qu'après l'heure où le quartier est régulièrement déconsigné. Et en même temps, ça réduirait assez la durée des *heures libres* pour retenir *ipso facto* la masse au quartier. On ne saurait considérer ces heures de travail en chambre, de travail assis comme du surmenage inutile, puisqu'elles existent lors même qu'elles ne sont pas ordonnées et qu'il n'est pas possible qu'elles n'existent pas, si le soldat veut être en règle avec tous ses devoirs. Il serait donc beaucoup plus logique que le repas terminât la journée du soldat, comme il termine la journée du cultivateur, la journée de l'ouvrier.

En été, la chose s'impose d'une façon encore plus rigoureuse. Une circulaire ministérielle prescrit d'interrompre le travail de 9 heures à 3 heures du soir quand la chaleur le rend nécessaire. Il en résulte qu'il faudrait faire après 5 heures ce qui n'aurait pas été fait, comme en hiver à partir de midi, si l'on ne voulait pas écourter outre mesure le temps consacré à l'instruction. Après la sieste, après les travaux d'intérieur dans les chambres, il faudrait du plein air en tenue de treillis, il faudrait se livrer à des exercices secondaires à proximité des quartiers avec des cadres réduits. Dès que le soleil commencerait à baisser, on repartirait.

En rentrant, on mangerait de bon cœur et, le repas pris, on ne songerait qu'à brosser ses effets, à graisser son fusil, à se déshabiller et à dormir les poings fermés.

Cela ne vaudrait-il pas mieux que d'avoir son temps *haché* continuellement par l'heure du repas et de voir nos troupiers aller prendre des apéritifs après la soupe, uniquement pour passer d'une façon quelconque les trois maudites heures accordées à leur désœuvrement ? Cette disposition aurait aussi pour effet immédiat de faire tomber ou au moins de restreindre le nombre des débits à l'usage des soldats, tenus et servis la plupart du temps par des sujets trop souvent « avariés » et de diminuer ainsi considérablement les dangers non seulement de l'alcoolisme, mais ceux non moins grands de la *prostitution clandestine*.

Plus on laissera sortir le soldat, plus il alimentera ces établissements qui ne vivent que de lui et où la boisson sert de prétexte et de paravent à la prostitution.

Si nous voulons moraliser l'armée par des procédés radicaux, nos efforts doivent donc tendre à réduire le plus possible le temps pendant lequel nos soldats ont la liberté de fréquenter le cabaret.

QUATRIÈME PARTIE

DÉVELOPPEMENT DES MOYENS DÉJA MIS EN ŒUVRE POUR LUTTER CONTRE L'ALCOOLISME

CHAPITRE PREMIER

PUNITIONS

1° LA PRISON

Toute punition doit avoir pour but de rendre l'homme meilleur ; sans quoi, ne vaudrait-il pas mieux qu'elle n'existât pas ? Or, l'homme puni de prison pour ivresse est ou un alcoomane, un professionnel invétéré, ou un bon soldat qui s'est laissé surprendre.

Si c'est un alcoomane, si c'est un vicieux, il va en entrant en prison contaminer ses camarades, ce n'est pas douteux. Qu'on se figure le langage, la tenue, les excitations réciproques, les mœurs enfin de tous ces mauvais sujets vivant côte à côte dans une pièce commune, non surveillée et où les lois de l'hygiène font généralement défaut ! N'est-il pas naturel de craindre que le contact ne donne à leurs vices une puissance de fermentation redoutable qu'ils n'auraient pas trouvée dans l'*isolement ?* Un mauvais sujet de la 1re compagnie s'enivre. Il est puni, par exemple, de quinze jours de prison. Le voilà qui se rencontre aux locaux disciplinaires avec un autre mauvais sujet de la 12ᵉ qui s'est également enivré. Ils ne se connaissaient nullement avant d'entrer dans ce local commun, mais les sympathies se développent bien rapidement par le contact entre ceux de même tempérament; et au bout de quinze jours passés ensemble, ce sont les meilleurs amis qui sauront se retrouver aux bons endroits. La prison *collective* est donc pour les mauvais sujets un lieu de rendez-vous où leurs passions fermentent et se développent; mais c'est aussi et surtout un *milieu néfaste* pour les jeunes gens qui, sans être mauvais, ont commis une faute isolée. Voilà un bon soldat qui a fait une faute grave par étourderie, par inexpérience, n'importe. Ça se voit. Ce soldat aura à subir pendant un temps plus ou moins long le dégoûtant contact de camarades vicieux, il sera ravalé à leur rang, il subira bon gré mal gré leurs propos haineux, leurs excitations à l'indiscipline et à la débauche, il sera souillé par leur contact, et finalement quand il sera sorti de prison, au lieu d'être devenu meilleur, il aura peut-être été gâté pour toujours, et passera, lui aussi, dans la catégorie des mauvais sujets.

A la prison *collective*, il faudrait de toute nécessité substituer la prison *individuelle*. On parle d'évolution; mais ce serait la première des améliorations à apporter au régime suranné des punitions! Des punitions purement corporelles ne peuvent pas relever l'homme et le rendre meilleur, elles l'avilissent à ses propres yeux. Des punitions *collectives* ne peuvent pas faire rentrer en lui-même et réfléchir le coupable, tandis qu'elles l'obligent à subir au physique et au *moral* une promiscuité qui ne peut que lui être préjudiciable. Le capitaine doit visiter ses malades à l'hôpital; pourquoi le règlement ne l'obligerait-il pas également à visiter ses autres malades, ses punis de prison? mais à la prison *individuelle*, où il pourrait les voir en tête-à-tête, les raisonner, leur faire la morale. Combien de sujets redeviendraient meilleurs en voyant que le capitaine leur porte, manifestement de l'intérêt dans l'expiation de leur faute, qu'il cherche par un entretien paternel à leur ouvrir les yeux et à leur faire comprendre la gravité de leurs actes ! Le châtiment corporel pouvait s'admettre à la rigueur dans les armées de métier; mais tout cela n'a-t-il pas changé radicalement avec le service obligatoire qui enrôle toutes les classes de la société, sans égard pour les différences d'instruction et d'éducation ? Non seulement il serait désirable que l'homme puni de prison reçût la visite de son capitaine, il faudrait encore que pendant tout le temps qu'il est enfermé dans sa prison, il pût se défendre contre l'oisiveté, qui est le pire des maux. Comment ! on oblige les punis de prison à n'avoir rien sur eux, aucun livre ! Interdire l'usage du tabac, des boissons, bien ; mais empêcher de combattre les dangers de l'oisiveté par la *lecture*, voilà qui paraît bizarre. Suivant notre pensée, nous désirerions qu'il y eût à l'usage des prisonniers de nos casernes une bibliothèque composée d'un très petit nombre de livres excellents et que chacun d'eux, en entrant dans sa cellule, pût choisir un ou deux ouvrages qui seraient pour lui, on voudra bien nous l'accorder, de meilleurs compagnons que ceux qu'on lui donne. Les questions d'alcoolisme bien exposées intéressent nos soldats beaucoup plus qu'on ne pense. C'est à nos soldats punis pour ivresse qu'il conviendrait de faire lire des ouvrages de vulgarisation sur les méfaits de l'alcoolisme, de les mettre en garde contre toutes les fraudes de fabrication dont ils sont victimes. Sans doute, dira-t-on, il est loisible au capitaine de faire établir (comme il pourra) une bibliothèque de compagnie qui servirait pour tout le monde. Mais l'inconvénient de ce système, c'est que pour lire avec fruit, il faut être *seul,* il faut être tranquille, n'avoir la préoccupation d'aucun service. Quand et où le soldat est-il seul, est-il tranquille, n'a-t-il la préoccupation d'aucun service ? Quand et où n'est-il pas distrait par le milieu agité où il faut qu'il se meuve ? De plus, comment empêcher que le respect humain ne joue son rôle ? et le soldat qui est sollicité par des camarades qui veulent l'entraîner à la cantine, aura-t-il le noble courage de leur préférer toujours un livre de bibliothèque ? Pour que nos livres de vulgarisation pussent atteindre le soldat, le toucher au cœur, il faudrait qu'ils le trouvassent dans l'*isolement* complet et nous ajoutons, *dans la peine*, car pour beaucoup de sujets, ce n'est qu'à ces moments-là seulement qu'il y a des retours vers le bien et que l'âme peut s'ouvrir au *repentir*.

2° L'AFFICHAGE

Une punition morale sera l'*affichage* en grosses lettres des noms des hommes punis de prison pour ivresse pendant l'année. Cet affichage aura lieu au réfectoire de la compagnie et à l'entrée, de façon que tous les hommes défilent devant deux fois par jour. De plus, tous les samedis, lecture sera faite à la décision des hommes punis pendant l'année pour ivresse.

CHAPITRE II

RÉCOMPENSES

En matière de discipline, le service intérieur prévoit ce qu'il y a à faire pour ceux qui font mal, pour les ivrognes, mais il est muet sur ce qu'il y a à faire pour ceux qui font bien, pour les gens sobres. Nous craignons que le service intérieur ne soit pas suffisamment à jour sur cette question. Autrefois le soldat trouvait sa récompense dans les *campagnes continuelles* qu'il faisait et dans l'*avancement* qui en résultait pour lui. Mais aujourd'hui la satisfaction qu'il trouvera dans l'accomplissement de ses devoirs peut-elle lui tenir lieu du reste ? Ne faut-il pas encourager ses efforts et sa bonne volonté dans une proportion égale à sa faiblesse, à son inexpérience et à l'absence complète d'occasions où il se trouve d'obtenir d'autres récompenses ? Nous entreprenons dans l'armée une campagne qui va être très dure pour des quantités de sujets habitués à boire : il est toujours pénible de renoncer à de vieilles habitudes et surtout à celle-là. Soyons généreux pour tous ceux qui auront suivi notre *exemple* et nos *enseignements*. Il faut que, à défaut d'autres mobiles, nos hommes puissent au moins se dire que s'ils ne s'enivrent pas, que s'ils ne boivent pas d'alcool, on saura les en récompenser largement.

Comment fera-t-on ?

Par les *permissions*.

Par les *prix*.

1° PERMISSIONS

A de très rares exceptions près, ce que nos hommes désirent le plus, ce sont des permissions. Elles sont données à des époques déterminées de l'année aux hommes qui ont une bonne conduite.

En ce qui concerne la sobriété, il n'est pas possible de récompenser *individuellement* tous les hommes des compagnies, parce que le rapport des sujets qui ne s'enivrent pas à celui des sujets qui s'enivrent est trop grand et qu'il faudrait avec ce système récompenser presque tout le monde, ce qui n'est pas possible. Mais en établissant des récompenses *collectives* pour les unités qui ont eu le moins de cas d'ivresse et à des époques autres que celles où se distribuent les permissions, on inciterait les hommes des compagnies à faire sous ce rapport la police entre eux, à *pourchasser* les ivrognes ; on développerait par suite l'esprit de solidarité entre eux, puisqu'en rendant les uns responsables des fautes des autres, on pousserait les premiers à les faire éviter aux seconds.

D'autre part, il est important que ces récompenses soient établies sur des bases mathématiques, afin que chacun sache bien à l'avance, quand une punition pour ivresse est prononcée dans une compagnie, dans quelle proportion cette punition fait baisser pour la compagnie le nombre de jours de permission qui lui avaient été décernés en principe.

Précisons notre pensée et donnons un exemple.

Toute compagnie qui n'aura pas eu de punition pour ivresse du 18 novembre d'une année au 1er mai de l'année suivante et du 1er mai au 18 novembre de la même année bénéficiera de 20 permissions de 30 jours — (600 journées) — à prendre à son gré du

15 juin au 15 août pour la première période et de 20 permissions de 30 jours à prendre du 15 décembre au 15 mars pour la deuxième période, mais sous la réserve suivante : que toute punition infligée pour ivresse à un homme de cette compagnie pendant ce double laps de temps diminuera chaque fois le nombre de journées d'un nombre égal au produit par dix du nombre de jours de prison.

COMPAGNIES.	NOMBRE DE JOURNÉES à prendre pour 0 jour de prison pour ivresse.	NOMBRE DE JOURS INFLIGÉS pour ivresse du 18 novembre au 1er mai.	DIMINUTION.	RESTE en JOURNÉES.
1re. . .	20 × 30 = 600	0	0	600
2e. . .	20 × 30 = 600	12	120	480
3e. . .	20 × 30 = 600	30	300	300
4e. . .	20 × 30 = 600	12	120	480
5e. . .	20 × 30 = 600	4	40	560
6e. . .	20 × 30 = 600	60	600	0
7e. . .	20 × 30 = 600	18	180	420
8e. . .	20 × 30 = 600	8	80	520

Ce qui peut s'exprimer ainsi :

Du 15 juin au 15 août,
La 1re compagnie aura droit à 20 permissions de 30 jours,
La 2e — — 16 — 30 —
La 3e — — 10 — 30 —
La 4e — — 16 — 30 —
La 5e — — 18 — 10 —
plus 1 permission de 20 jours,
La 6e compagnie aura droit à 0 permission,
La 7e — — 14 permissions de 30 jours,
La 8e — — 17 — 30 —
plus une permission de 10 jours.

Remarquons d'abord que la base de ce système, c'est le chiffre de 60 jours de prison, qui réduit à néant les droits de la compagnie, et ce chiffre correspond précisément au maximum de jours de prison qu'un commandant de corps d'armée ou qu'un général de division puisse infliger en une *fois*. Si on y ajoute la facilité avec laquelle la punition d'un homme qui s'enivre peut atteindre vingt et même trente jours, on se rendra compte des difficultés qu'il y aurait pour une compagnie, non pas d'atteindre 600 jours de permission (c'est illusoire si, comme il faut l'espérer, le capitaine accuse bien tous les coups ; et c'est même heureux, car comment ferait-il pour assurer son service ?) mais seulement une centaine de jours, ce qui réduit en somme à 3 permissions de 30 jours le bénéfice de la compagnie.

Il n'en est pas moins vrai que ce serait pour nos hommes un stimulant précieux que ces 600 jours promis à leur sobriété.

Le seul inconvénient de ce système, et il est malheureusement très grave, c'est qu'il est basé sur l'absolu désintéressement des capitaines et leur absolue volonté de faire disparaître les habitudes d'ivrognerie au détriment même des permissions qui pourraient être données aux meilleurs de leurs soldats. Les innocents payent pour les coupables ; 147 ou 148 innocents payeront donc pour un ou deux coupables.

Il reste à discuter pourquoi les permissions de 30 jours sont préférables à toute autre permission de moindre durée donnée en plus grand nombre. Je dis, par exemple, que, si les nécessités de service ne s'y opposent pas absolument, il vaut mieux donner, pour un même total de 600 jours, 20 permissions de 30 jours que par exemple 40 permissions de 15 jours ou 80 permissions de 8 jours.

Voici pourquoi.

1° La permission de 30 jours est une récompense marquante qui ne se confond pas avec les permissions de moindre durée que, pour des motifs quelconques, on est obligé d'accorder continuellement aux uns et aux autres. L'émiettement des permissions en matière de récompense produirait sur l'esprit des hommes le même effet que le quart de vin sur leurs estomacs : quelque chose d'insignifiant.

2° Nos hommes de trois ans sont souvent de loin. Il faut tenir compte des frais de déplacement. Souvent on voit des hommes préférer rester pour huit jours à cause de la dépense.

3° Enfin, les petites permissions sont plus dangereuses que les grandes en matière d'alcoolisme. L'homme qui n'a pas le temps de se remettre au travail passe son temps à boire et à accepter des invitations, tandis que pendant trente jours le soldat redevient laboureur ou ouvrier et gagne sa vie.

2° PRIX

Outre les permissions, un moyen qui semble pratique pour frapper l'esprit de nos soldats dans la lutte contre l'alcoolisme, consisterait dans l'institution dans chaque corps de troupe d'un ou deux prix annuels offerts par les officiers sur les fonds de leur bibliothèque, destinés à récompenser le soldat ou les soldats qui se seraient le plus distingués autour d'eux par leur lutte contre la boisson. Supposons qu'il y ait un ivrogne invétéré dans une compagnie et qu'un de ses camarades soit arrivé par sa patience et sa ténacité à le convertir. Il mérite d'être placé sur les rangs des militaires à récompenser. Si un soldat est arrivé par son exemple à faire des prosélytes, à gagner d'une façon bien nette des camarades à sa cause, il mérite un encouragement. Un soldat qui, comme ses chefs, ferait campagne contre l'alcoolisme mérite une récompense. Un soldat qui aurait découvert un ou des moyens pratiques de combattre l'alcoolisme du soldat mérite une récompense.

Cette récompense serait donnée dans une cérémonie rehaussée par la présence de tous les officiers. Elle pourrait consister en une *médaille commémorative* et en *diplômes d'honneur*.

CHAPITRE III

ENSEIGNEMENT ANTIALCOOLIQUE

Notre deuxième devoir, c'est de *perfectionner* la lutte contre l'ignorance et les préjugés. Cette lutte, nous l'avons entreprise, et il est certain qu'elle a déjà eu des résultats, si l'on en juge par la diminution générale du nombre de punitions pour ivresse. Combattre l'ignorance par la parole, c'est écarter tous les préjugés dont sont victimes la plupart de nos soldats, c'est leur montrer les dangers auxquels ils s'exposent, ce qui, pour un certain nombre sera suffisant. Mais nous désirerions qu'aux conférences, qu'aux entretiens s'ajoutassent certaines mesures supplémentaires.

1° SERVICE INTÉRIEUR

Une question aussi importante que celle des boissons alcooliques devrait avoir sa place dans le service intérieur. L'article 358 (alimentation, boissons) devrait spécifier et développer non seulement ce qui fait la base de l'alimentation du soldat, mais également tout ce qu'il doit *éviter* dans cette alimentation. Si le danger de l'alcoolisme existe, il faut que cette question soit réglementaire. Le chapitre des boissons alcooliques une fois paru dans le Service intérieur, tous les manuels théoriques que l'on met entre les mains des élèves-caporaux et des soldats intelligents en reproduiraient et en vulgariseraient de suite les parties essentielles. Actuellement nous avons sans doute la circulaire ministérielle du 15 janvier 1901 qui nous trace la voie ; mais le développement de l'enseignement alcoolique est puisé dans des conférences, dans des publications, dans des brochures dont l'initiative est essentiellement privée. Etant données les divergences qui peuvent exister dans la façon d'envisager les choses, nous croyons qu'il ne pourrait y avoir que des avantages à ce que le service intérieur consacrât un chapitre à l'alcoolisme, à ses causes et à ses conséquences.

Dans le même ordre d'idées, il serait désirable que l'article 81 du Service intérieur (responsabilité et initiative du capitaine) qui spécifie que l'éducation morale de sa troupe est faite par lui et par ses officiers, spécifiât également l'obligation impérieuse de l'enseignement antialcoolique et la nécessité pour les officiers supérieurs et généraux de s'en assurer au même titre que pour les autres branches du règlement.

2° ÉDUCATION PAR LA BROCHURE ET PAR L'IMAGE

L'une et l'autre sont de nos jours de puissants moyens de propagation des idées, et il ne tient qu'à nous de nous en servir pour le bien de notre cause.

Les intelligences et les mémoires auxquelles s'adresse notre enseignement théorique sont généralement trop peu assouplies pour saisir au vol et pour se graver solidement dans la tête cet enseignement. Si l'on y ajoute la légèreté naturelle à des jeunes gens de vingt ans, on se rendra compte que de simples entretiens, même fréquents, seraient insuffisants pour laisser à chaque homme des notions précises et complètes. Et puis toutes les fois que nous parlons, combien y en a-t-il qui, pour des motifs tout à fait *réglementaires,* ne sont pas présents !

Aussi nous désirerions :

1° Que chaque homme, à son arrivée, fût muni d'un livret antialcoolique gratuit et obligatoire qui le suivrait dans ses foyers, collé à son livret individuel. Chaque homme pourrait ainsi relire à son aise des choses dont il ne se rappelle pas le texte, dont il a oublié les détails. Chaque homme revenu au pays pourrait le montrer, le faire lire, au besoin l'apprendre à ses propres enfants.

Notre enseignement ne doit pas s'adresser seulement au *présent,* mais surtout à l'*avenir,* au futur ouvrier livré à lui-même et sans personne comme au régiment pour lui faire la morale et le retenir sur la pente du mal. C'est autant pour ceux qui ne sont plus là ou qui n'y sont pas encore que nous devons travailler et nous travaillerons encore mieux pour l'avenir en écrivant qu'en parlant : *Scripta manent.*

2° Que toutes les classes de réservistes et de territoriaux que nous recevons chaque année en fussent dotées comme celles de l'active. Si nous voulons des résultats rapides — et il faut le désirer — nous devons utiliser toutes les occasions qui se présentent à nous de vulgariser notre enseignement. Toutes ces catégories de la société qui viennent prendre un air de caserne pendant 28 jours sont plus réfléchies, plus mûries par l'âge et par l'expérience de la vie que nos conscrits de vingt ans. Il est donc essentiel que nous nous adressions à eux d'abord, pour les corriger s'ils en ont besoin, et ensuite comme d'un moyen naturel de propagande immédiate.

La période des réservistes est une période dangereuse au point de vue alcoolique. Beaucoup d'entre eux ont fait des économies à l'avance en vue de ne pas avoir à modifier leur façon de vivre ou même de compenser par l'amélioration du régime une augmentation de fatigue à laquelle ils ne sont plus habitués. Arrivés à la caserne, ils puisent généralement sans trop compter dans leurs réserves qui servent bien souvent à faire des heureux dans leur entourage de l'active. Il y a des camarades de l'active avec lesquels ils ont fait connaissance. Le rendez-vous obligé, c'est le café, la brasserie. Mais les circonstances où le vase déborde, où les excès sont particulièrement à craindre, c'est le jour de l'arrivée et celui du départ. Les sottes traditions se perpétuant, si nous ne les sapons pas avec la ferme résolution d'en finir, ce sera à chaque arrivée et à chaque départ le même tableau. Qu'on ferme les cantines pendant une partie de la journée, cela sera toujours autant de gagné. Mais le difficile, l'impossible, est d'empêcher les réservistes de boire avant de franchir la porte de la caserne, et nous sommes bien obligés de les prendre tels qu'ils nous arrivent.

De ce qui précède, il résulte que l'enseignement antialcoolique aux *réservistes* est capital et doit être intensif en raison de leur court passage à la caserne. Enfin nous devons leur laisser des traces matérielles de notre enseignement en leur distribuant un livret antialcoolique comme aux soldats de l'active.

La lutte contre l'ignorance doit encore se faire par l'*image*. Plus que les récits, plus que les discours, elle frappe les intelligences des gens les plus distraits et se grave dans les mémoires les plus rebelles. Nous agirons par l'image en plaçant dans nos chambres et dans nos réfectoires des tableaux représentant les lésions organiques et les effets désastreux produits par les excès de l'alcool. Il faudrait qu'à la caserne l'homme ne pût mettre le pied dans une pièce sans que son regard rencontrât des inscriptions en gros caractères comme les suivantes :

L'alcoolisme est un grand fléau.

L'alcoolisme diminue les forces et raccourcit la vie de l'homme.

L'absinthe est le plus dangereux des alcools.

La sobriété fait le bon soldat.

L'alcoolisme amène la vieillesse prématurée et aggrave toutes les maladies.

La moitié des fous et des criminels sont des alcooliques.

Les enfants des alcooliques sont sans force, sans énergie et meurent jeunes.

La France est le pays où il se consomme le plus d'alcool de l'Univers.

Si la France continue à s'alcooliser, il y aura dans 10 ans deux conscrits allemands pour un conscrit français.

Guerre à l'alcoolisme.

Nous agirons encore et surtout par l'image en montrant à nos hommes et en les faisant circuler au milieu d'eux, les organes humains *en carton* (grandeur naturelle) lésés par l'alcool. Il appartiendrait au service de santé de nous fournir à raison de un par bataillon, par exemple, des organes, en carton, au besoin sommaires, mais qui ajouteraient beaucoup d'intérêt et de vie aux entretiens des hygiénistes et des officiers de compagnie.

3° ASSOCIATION ANTIALCOOLIQUE MILITAIRE

Tous les efforts, même les plus énergiques ne doivent pas et ne peuvent pas rester des efforts *individuels*. La propagande par le fait et l'action *collective* constituent pour nous une condition absolue de réussite. Il y a actuellement en France dans le monde scientifique une véritable levée de boucliers contre l'alcoolisme. L'*Union française antialcoolique* compte à ce jour plus de 1 200 sections qui étendent et vivifient son action sur tout le territoire. Chacune de ces sections est comme un organe actif de l'Union et un puissant moyen de propagande.

Il nous semble que pour donner à notre œuvre antialcoolique toute sa portée et toute sa force, il serait indispensable qu'un lien commun réunît en cette matière tous les corps et tous les services de l'armée. Des régiments condamnés à des efforts individuels et isolés peuvent-ils donc arriver au même résultat que s'il y avait entre eux échange continuel d'idées, exposé réciproque de méthodes et mise en commun des procédés de lutte? Sans doute les officiers sont tous pénétrés de l'importance de leur *rôle social;* mais une *Association antialcoolique militaire* serait comme l'incarnation de leurs efforts et la vivante expression de l'idée antialcoolique au sein de l'armée. Ce serait à elle qu'il appartiendrait de recueillir tous les documents utiles à la réussite de l'œuvre, de les rendre plus pratiques, de les perfectionner et d'en assurer la complète vulgarisation dans tous les corps. Pour quelque œuvre que ce soit, la société civile nous donne l'exemple de la mise en commun de tous les moyens d'action et les efforts de tous les régiments ont encore besoin d'un *lien commun.*

Comment réaliser les *Associations antialcooliques militaires?* Il serait désirable que dans chaque corps ou service il y eût une section et que toutes ces sections constituassent par corps d'armée une *Union* dénommée: « Union antialcoolique du Ier, du IIe, du IIIe corps, etc. » Toutes les associations de corps d'armée se grouperaient au Ministère de la guerre en une *Fédération antialcoolique.*

Les sections auraient pour but la *mise au point* de tous les moyens employés dans les corps pour lutter contre l'alcool et les propositions des militaires de ces corps touchant les questions alcooliques, car qui pourrait douter que ce ne serait là un puissant moyen d'entretenir et d'attiser le feu de la lutte et en même temps d'en régulariser les progrès?

La composition de chaque section serait aussi simple que possible:

1 capitaine pour chaque corps ou service,
1 sous-officier par bataillon,
1 soldat par bataillon.

Le sous-officier et le soldat seraient désignés par le colonel sur la proposition de leurs capitaines.

Le capitaine serait désigné par le colonel pour présider la section et en serait en même temps le secrétaire.

La présence d'un sous-officier et d'un soldat par bataillon est justifiée par ce fait qu'ils sont au foyer même du mal que nous avons à combattre et qu'ils sont par suite à même, s'ils sont bien choisis, de juger et de découvrir une foule de détails de nature à nous éclairer, à nous guider dans les procédés de lutte. Notre situation d'officiers ne nous permet pas de suivre partout le soldat et le sous-officier ; nous les suivons peut-être en imagination, mais il nous est impossible d'aller partout où les nécessités de la vie militaire les font aller, quand ils ne sont pas dans le service ; il nous est impossible d'assister le soir aux entretiens dans la chambrée et de prendre les mœurs du troupier sur le vif. Il en résulte que, malgré son esprit d'observation, l'officier a besoin pour descendre dans certains détails, pour apercevoir certains horizons, que des témoins intelligents et observateurs de ces détails soient près de lui pour lui en dessiner les contours exacts.

Ce serait un des rôles du sous-officier et du soldat. Ce n'est pas tout.

Leur introduction dans les sections serait une marque évidente pour tous les camarades de l'intérêt que l'autorité militaire porte à la lutte contre l'alcoolisme à la caserne. Ce serait leur permettre non seulement de s'associer directement aux travaux entrepris, mais encore d'associer l'Union tout entière à leurs propres demandes, à leurs propres travaux.

Les sections se réuniraient une fois par semaine et il y aurait une fois par mois réunion générale de l'Union au chef-lieu du corps d'armée. C'est dans cette séance mensuelle, dont le comité d'organisation serait à constituer, que seraient traités et discutés les moyens employés et à employer pour combattre l'alcool dans l'armée.

L'Union aurait une feuille qui serait adressée à tous les officiers du corps d'armée qui en feraient la demande et obligatoirement aux cercles d'officiers, de sous-officiers, aux compagnies, escadrons, batteries, enfin aux officiers de réserve et de territoriale, aux simples réservistes et territoriaux qui en feraient la demande.

La feuille antialcoolique militaire recevrait après approbation du président de l'Union (officier supérieur d'un corps de troupes) les articles provenant des différentes sections du corps d'armée et jugés dignes de l'impression. Ces articles seraient rédigés par le président de chaque section et sous sa responsabilité avant leur présentation mensuelle au chef de l'Union antialcoolique militaire.

En d'autres termes, nous désirerions voir adopter dans l'armée quelque chose d'analogue à ce qui est adopté dans la société civile ; afin que notre lutte ne se passe pas et ne reste pas *dans les nuages*, qu'elle prenne corps, qu'elle se fasse avec méthode, avec continuité, avec persistance, qu'elle s'étende avec une égale intensité dans tous les corps, dans tous les services et jusqu'au moindre détachement et qu'elle fasse profiter *immédiatement* certains corps des progrès réalisés dans les autres. L'application des mesures prises contre l'alcoolisme s'est faite jusqu'à ce jour d'une façon fort inégale suivant les hommes et suivant les régions. Il y en a de fort loin d'ici où l'alcool est encore, sinon le bienvenu, du moins toléré. Il n'y a aucune ardeur dans la lutte contre lui, on parle aux hommes de l'alcoolisme comme s'il s'agissait vraiment d'un pensum à leur imposer. En résumé il y a tout à faire dans ces corps, tandis que dans d'autres, comme les nôtres, c'est la chasse en règle, la chasse impitoyable qui est organisée contre lui. Comme il n'y a qu'une armée, il ne doit y avoir partout qu'une méthode et il serait absolument désirable que certaines régions militaires moins favorisées pussent profiter des progrès réalisés dans les autres.

CHAPITRE IV

CANTINES

On a supprimé l'alcool dans les cantines ; c'est une mesure excellente, mais à une condition : que l'exécution de la mesure soit *surveillée* constamment. Or à qui est confié ce soin ? à l'*adjudant-major* et à l'*adjudant de bataillon*.

L'adjudant est le seul qui puisse constamment surveiller de près la cantine de son bataillon, puisqu'il n'a pas comme l'adjudant-major de fonctions spéciales quelquefois multiples et toujours délicates et enfin des obligations sociales, imposées à l'officier ; l'adjudant de bataillon a, en dehors de sa semaine, de véritables loisirs et ses obligations sociales sont beaucoup plus restreintes.

Or, pour que l'adjudant de bataillon pût surveiller efficacement la cantine de son bataillon il faudrait :

1° Qu'il fût *indépendant*,

2° Qu'il fût constamment *sur place*.

L'adjudant de bataillon est-il indépendant de sa cantine ? Non, puisqu'il y *mange* quand il est célibataire. C'est une fonction fort délicate que celle de confier à un sous-officier le soin de surveiller en l'absence de son adjudant-major la cantinière dont il est l'hôte. La cantinière — c'est assez naturel — réservera ses meilleurs soins pour le contrôleur de son propre établissement ; et en revanche, l'adjudant aura-t-il le caractère assez indépendant pour accepter des prévenances et pour ne pas fermer les yeux quand les circonstances exigeraient qu'il les ouvrît ?

La solution serait d'exiger, lorsqu'il est célibataire, que l'adjudant de bataillon mangeât toujours dans une cantine autre que la sienne, au moins à la caserne.

Il faut aussi pour que la surveillance des cantines soit continuelle, que l'adjudant de bataillon habite continuellement au quartier.

Il arrive que les adjudants de bataillon mariés, hormis le cas où ils sont de semaine, quittent le quartier en même temps que leur adjudant-major. Ils quittent donc l'un et l'autre le quartier au moment où leur présence, mais particulièrement celle de ce dernier, serait le plus indispensable, puisque c'est avant l'arrivée et après le départ des officiers que la *contrebande* alcoolique peut chercher à se glisser et à s'exercer dans les cantines.

La solution serait, ou de ne prendre comme adjudants de bataillon que des *adjudants célibataires*, ou plutôt d'assurer en première ligne et de rendre obligatoire le logement à la *caserne* de l'*adjudant de bataillon marié.*

CHAPITRE V

MODIFICATIONS AU RÉGIME DES BOISSONS

Nous avons établi qu'une des causes pour lesquelles le soldat recherche l'alcool réside dans le besoin si fréquent où il se trouve d'un excitant et d'un reconstituant, par suite du métier particulièrement pénible qu'il a surtout en été. Sa boisson ordinaire est l'eau. Elle lui sert et lui suffit en mainte occasion. Elle est complétée par une boisson hygiénique quelconque (glyzine, sucre castillan, etc.) mise à sa disposition dans les réfectoires. La boisson exceptionnelle du soldat est le café, le thé et le vin, le café pris le matin et en manœuvres, le thé en hiver et au retour de certains exercices pénibles, le vin de temps à autre pour récompenser ses efforts. En somme, la quantité absorbée de café, de thé et de vin par rapport à la quantité absorbée d'eau ou de boisson rafraîchissante est relativement très faible. Il faudrait être hygiéniste pour déterminer exactement quelle est au point de vue de l'organisme la valeur relative de ces différents liquides. Cependant il nous semble que dans les conditions où le vin, le thé et la boisson rafraîchissante sont pris par nos hommes, ces trois liquides ne peuvent pas jouer seuls sur l'organisme le rôle d'excitants et de reconstituants.

Les deux premiers, en effet, si excellents qu'ils soient à l'occasion, sont pris en trop petite quantité et surtout trop peu souvent pour jouer un rôle sur l'organisme. Pourrait-on donner plus fréquemment du vin ? Nous ne le croyons pas en raison de dépenses qui en résulteraient pour une boisson de qualité secondaire prise aux cantines. Pourrait-on donner plus fréquemment du thé ? Nous ne le croyons pas davantage parce que notre soldat n'est pas habitué comme le soldat anglais à le consommer journellement, que le prix de revient serait beaucoup trop élevé et que le thé ne peut pas se prendre froid. La boisson rafraîchissante n'est pas aimée de nos soldats. Moins de la moitié en remplissent journellement leurs bidons et encore ne faudrait-il pas leur demander, comme pour le biscuit, si c'est par goût qu'ils en prennent. Reste la question du café. Nous croyons qu'il y aurait un grand intérêt à multiplier la consommation de ce liquide, au besoin au détriment des autres.

Notre opinion est basée sur :

1° Les qualités du café et la faveur dont il jouit chez le troupier;

2° La quantité quotidienne qu'il serait possible d'attribuer au soldat en supprimant la ration de sucre, ou même sans la supprimer.

1° *Qualités du café.* — Le café est un tonique, un excitant et un reconstituant par excellence. Tous les hommes l'aiment, en sont friands. Sur 150 hommes il n'y en a pas un seul qui le laisse à son voisin. Notre avis est de le donner aux soldats sans sucre — c'est une habitude à prendre. Le café sans sucre est beaucoup plus rafraîchissant; avec le café sans sucre on n'a jamais soif.

2° La question est donc de savoir si dans l'état actuel de nos ressources, il serait possible d'en fournir au soldat une quantité suffisante pour qu'il en eût pendant la journée à sa disposition sans être obligé de rechercher un autre liquide moins tonique et moins reconstituant.

Notre but serait de lui faire distribuer quotidiennement outre son quart de café du réveil un autre quart qu'il additionnerait d'eau, qu'il conserverait dans son bidon et qui lui servirait pendant la journée de boisson rafraîchissante.

Prenons comme base de nos évaluations la quantité de 10 grammes de café et 12 grammes de sucre, que nous croyons indispensable pour faire un quart de café de bonne qualité. Pour une compagnie de 150 hommes la dépense sera de :

150 fois 10 grammes soit 1 500 grammes.

Si nous prenons comme prix moyen du café remboursable le prix de 3 fr. le kilogramme, la dépense sera de 4 fr. 50 c.

Pour le sucre la dépense sera de 1 800 grammes, c'est-à-dire pour le prix moyen de 1 fr. le kilogramme, environ 1 fr. 80 c.

La dépense totale quotidienne d'une distribution de café à 10 et 12 grammes, revient donc pour 150 hommes à 5 fr. 30 c.

Or, le Parlement vient d'allouer, en vue d'améliorer l'alimentation du soldat pendant l'exercice 1903, une indemnité quotidienne de 0 fr. 035. Nous ne croyons pas que cette indemnité doive être attribuée à la nourriture qui, comme quantité, est plus que suffisante pour ne pas dire surabondante. Consultons à ce sujet non pas seulement nos hommes, mais surtout nos *débris de réfectoire* qui en disent plus long que le reste. Si nos hommes laissent sur les tables tant de débris après chaque repas, ce n'est pas parce qu'ils n'aiment pas ce qu'on leur donne, c'est parce qu'ils en sont repus et que, malgré leur appétit de vingt ans, ils ne peuvent manger davantage.

Ce qui laisse encore à désirer dans l'alimentation du soldat, c'est d'une part le matériel de cuisine et de réfectoire et d'autre part la boisson ; et nous croyons qu'il y aurait lieu désormais de profiter de toutes les ressources particulières de nos bonis pour améliorer les liquides comme *qualité* et comme *quantité*.

L'indemnité de 0 fr. 035 qui vient de nous être allouée en 1903 mais que nous espérons bien voir se reproduire dans l'avenir, correspond précisément pour 150 hommes à une recette de 5 fr. 25 c. par jour c'est-à-dire à la possibilité de distribuer chaque jour à chaque homme un quart de café à 10 heures et demie pour qu'il l'additionne d'eau et qu'il ait au moins un demi-bidon de liquide à sa disposition.

On peut pousser les investigations plus loin et se demander si le sucre est bien indispensable au soldat. Sans doute c'est un aliment carboné qui pris en quantité suffisante favorise la *calorification* et la *respiration*. Mais d'autre part le café sans sucre *désaltère davantage* et d'une façon plus durable ; et ne devons-nous pas rechercher avant tout, pour nos soldats, les boissons qui, en les désaltérant, ne les incitent pas encore à boire ?

En supprimant les 12 grammes de sucre dans la ration de boisson rafraîchissante de la journée, nous arriverions à un gain quotidien de 1 fr. 80 c., soit presque *un demi-quart* de café qui, ajouté au quart précédent, pourrait à la rigueur fournir à chaque homme un bidon additionné d'eau complètement plein.

Ce serait, pour l'été tout au moins, une amélioration très sensible à apporter au régime de la boisson chez nos hommes, et nous ne porterions aucune atteinte à nos bonis puisque nous ne consacrerions à cette dépense de café que l'indemnité qui vient de nous être allouée et dont on s'était bien passé jusqu'à ce jour pour l'alimentation du soldat.

CONCLUSION

« L'avarie, l'alcoolisme et la tuberculose », a-t-on dit, « forment une trinité de fléaux souvent en relation « très étroite qui déciment les peuples civilisés, ac- « célèrent la dégénérescence de la race et tournent en « dérision ce progrès dont nous sommes si fiers. À « mesure que les machines industrielles se perfection- « nent, la pauvre machine humaine tend à se détra- « quer. »

La société française présente actuellement un triste spectacle au point de vue de la santé publique ; les statistiques médicales accusent à ce sujet des chiffres d'une éloquence inquiétante pour notre patriotisme.

Mais ce qui peut surprendre et ce qu'il convient de signaler à l'honneur de l'armée, c'est que celle-ci, au lieu d'être, comme des esprits mal informés ou mal intentionnés le prétendent, la source et le foyer du triple fléau qui nous décime, est au contraire en train de devenir contre lui, au moins au point de vue alcoolique, un véritable instrument de lutte et de conquête.

Si l'on a pu reprocher avec raison à l'ancienne armée ces trois vices qui la déparaient, pourrait-on aujourd'hui lui adresser encore ce reproche sans commettre une véritable injustice ?

L'armée actuelle n'est pas seulement l'école de la discipline, elle est devenue aussi celle de l'*hygiène*. Notre situation d'officiers de troupe nous met à bonne portée du soldat pour l'éduquer par la parole, par les conseils et par l'exemple. Les mesures d'hygiène sont devenues la préoccupation continuelle de tous les officiers, et si la France souffre tant aujourd'hui du fléau de l'alcoolisme, ce n'est certes pas l'armée qu'elle doit accuser, comme certains le font cependant, d'être la grande pourvoyeuse de ce mal.

Dans l'armée, où les mesures d'hygiène sont partout en honneur, la discipline, le contrôle rigoureux et continuel des ordres donnés sont au contraire une garantie pour la santé publique.

Nous recevons les recrues telles que le pays nous les envoie et s'il y a encore beaucoup trop de buveurs dans l'armée, c'est parce qu'il y a beaucoup trop de buveurs dans la nation. Nous ne pouvons pas faire par exemple que les Bretons, les Normands, les gens du Nord, pour ne citer que ceux-là, ne viennent de centres où l'alcoolisme règne en maître et fait école. Et si à la caserne ces gens-là s'enivrent de temps en temps, c'est assurément moins parce qu'ils sont soldats que parce qu'ils ont été élevés dans des milieux essentiellement favorables à l'alcoolisme. La caserne fait ce qu'elle peut. Mais que peut-elle donc si avant et après et même pendant le service militaire, les mœurs et les institutions du pays sont en contradiction avec ce que l'on nous engage à enseigner et à pratiquer à la caserne ?

Le meilleur moyen de corriger le soldat de l'alcoolisme, ce serait de relever le niveau des mœurs publiques, et la première sanction de ce relèvement serait de frapper le *cabaret*.

Tant que le cabaret restera dans notre cher pays une institution sacro-sainte, tant qu'on ne réglementera pas et qu'on n'entravera pas son existence et son développement par des lois rigoureuses avec un contrôle sincère et continuel, tant que l'on ne rendra pas responsables de tous les cas d'ivresse, non pas les gens ivres, mais les *tenanciers* de ces établissements, nous craignons que notre lutte reste confinée aux limites trop étroites de la caserne et ne gagne pas, comme c'est notre but, la nation tout entière. Elle donnera sans doute des résultats très appréciables mais passagers, parce que nos soldats, une fois rentrés dans leurs foyers, y retrouveront partout l'invitation perfide de l'alcool et n'auront plus comme à la caserne les mêmes raisons de s'en abstenir.

La lutte contre l'alcoolisme, pour être promptement

efficace, doit être menée par toutes les *forces vives* de la nation. Il n'y a pas que nous qui ayons des troupes. Dans ce siècle où la vapeur et l'électricité enlèvent tant de bras à l'agriculture, les chefs d'industrie, les grands commerçants, les chefs des grandes administrations, tous ceux enfin qui ont charge d'âmes ont aussi leurs troupes, troupes autrement exposées que les nôtres à être victimes des fléaux qu'on reproche trop exclusivement à la caserne. Nous les adjurons de se joindre à nous par des moyens appropriés à leur milieu et de se préoccuper du relèvement moral d'un personnel que beaucoup trop abandonnent à ses préjugés, à son ignorance et à ses passions.

TABLE DES MATIÈRES

QUATRIÈME PARTIE

Nancy, impr. Berger-Levrault et Cie.

Nancy, imp. Berger-Levrault et Cie.

www.ingramcontent.com/pod-product-compliance
Lightning Source LLC
LaVergne TN
LVHW020447230826
846091LV00004B/1575
9782016184943